金融科技革命

数字时代金融服务创新

THE FINANCIAL SERVICES GUIDE
TO FINTECH

Driving Banking Innovation Through Effective Partnerships

[英] 德维·莫汉（Devie Mohan） 著

黄震　张夏明　译

中国科学技术出版社
·北　京·

The Financial Services Guide to Fintech: Driving Banking Innovation Through Effective Partnerships.

© Devie Mohan, 2020.

This translation of The Financial Services Guide to Fintech is published by arrangement with Kogan Page.

Simplified Chinese translation copyright by China Science and Technology Press Co., Ltd.

项目合作：锐拓传媒 copyright@rightol.com

北京市版权局著作权合同登记 图字：01-2022-7066。

图书在版编目（CIP）数据

金融科技革命：数字时代金融服务创新 /（英）德维·莫汉（Devie Mohan）著；黄震，张夏明译 . —北京：中国科学技术出版社，2024.7

书名原文：The Financial Services Guide to Fintech: Driving Banking Innovation Through Effective Partnerships

ISBN 978-7-5236-0648-3

Ⅰ .①金… Ⅱ .①德… ②黄… Ⅲ .①金融—科学技术—研究 Ⅳ .① F830

中国国家版本馆 CIP 数据核字（2024）第 072672 号

策划编辑	杜凡如　褚福祎	**责任编辑**	孙　楠
封面设计	创研设	**版式设计**	蚂蚁设计
责任校对	焦　宁	**责任印制**	李晓霖

出　　版	中国科学技术出版社
发　　行	中国科学技术出版社有限公司
地　　址	北京市海淀区中关村南大街 16 号
邮　　编	100081
发行电话	010-62173865
传　　真	010-62173081
网　　址	http://www.cspbooks.com.cn

开　　本	880mm×1230mm　1/32
字　　数	202 千字
印　　张	9.5
版　　次	2024 年 7 月第 1 版
印　　次	2024 年 7 月第 1 次印刷
印　　刷	北京盛通印刷股份有限公司
书　　号	ISBN 978-7-5236-0648-3/F·1237
定　　价	69.00 元

（凡购买本社图书，如有缺页、倒页、脱页者，本社销售中心负责调换）

译者序

伴随着第四次科技革命的兴起，金融与科技的融合创新加速，对传统银行业产生了非常大的影响，促进了市场的开放与竞争。金融科技企业，借助移动支付、网络银行等创新形式，提供了更便捷、高效的金融服务，迅速吸引了大量用户，尤其是年轻一代，使传统银行面临客户流失和市场份额下降的风险。

金融科技在数据处理和分析能力上显著超越了传统银行。大数据、人工智能、区块链等技术的广泛应用，为金融服务开辟了新的可能性。例如：大数据分析帮助银行更精准地洞察用户需求，优化产品设计；人工智能辅助银行进行风险管理和客户服务；区块链技术提高了金融交易的透明度和安全性。金融科技革命还对银行业的服务理念提出了挑战，促使其从以客户需求为中心转向更注重用户体验。

本书提出的"挑战者银行"概念，是一种颠覆传统银行产品或运作模式的数字银行。挑战者银行通过优化用户界面、提供个性化服务等手段，提升了用户体验，赢得了用户的青睐。技术的创新和应用，对传统银行而言，既是挑战也是机遇。

数字化和智能化是未来银行转型的核心技能。传统银行需要转变服务理念，引入数据驱动的发展战略，研发多样化个性化产品，注重用户体验，加强与客户的沟通和互动。推动银行服务线上线下融合联动，逐步实现网点向轻型化、智能化、场景化转型。同时，本书还提到监管科技在金融科技领域的应用，这是挑战者银行的发展方向之一。通过运用智能投资顾问、大数据治理、机器学习和自然语言处理等技术手段，传统银行能够实现实时监控和风险预警，从数据流、信息流、资金流等方面综合提升自身合规水平。

当前，银行业务面临的风险类型日益复杂，包括技术风险、网络安全风险、操作风险、声誉风险等，这些风险也在不断演化。银行需要提高风险识别和应对能力，确保业务稳健发展。银行业金融机构一方面要加强与金融科技企业的合作，学习借鉴其先进的技术和管理经验；另一方面，要加快自身的数字化转型步伐，提升数据处理和分析能力，优化产品和服务，提高运营效率。只有如此，银行业金融机构和金融科技公司才能实现合作共赢，在金融科技的浪潮中立于不败之地。

本书的翻译力求忠实于原文的结构和文字风格。本书的顺利完成和出版，得益于众多师友的大力支持，他们是王雪冰、王栋、李星毅、李芝欣、孟凡巧。感谢他们的辛勤付出，在资料收集、索引查找和文稿审核等方面做出了非常大的贡献，极大提升了本书的质量。

CONTENTS

目 录

第一章

经济危机中的银行和金融科技公司

颠覆可能是件令人恐惧的事。

然而，颠覆在变革时期往往也孕育着重要的机遇。在传统金融服务业的颠覆过程中，金融科技应运而生。金融科技之所以如此引人注目，是因为它专注于技术创新，并通过技术创新持续赋能金融服务。

在 2010 年之前，金融服务业一直保持其固有的运营模式，而能源、公用事业、交通运输、娱乐、酒店和零售等其他一些行业在 20 世纪 80 年代到 21 世纪初就已经在流程、结构和系统方面进行了重大变革。这些行业被颠覆的根本因素之一是行业发展需要对用户状况进行清晰、全面的了解和掌握。优步（Uber）、爱彼迎（Airbnb）、Skype（有音译为"讯佳普"）、阿里巴巴（Alibaba）、奈飞（Netflix）[①] 等都是其各自行业的主要颠覆者，它们专注一个共同的领域——成功地将商业模式从以资产为中心转向以用户为中心，将选择权移交给用户。例如，奈飞将影视资源数字化，获得蓬勃发展，而拥有大量实体资产的百视达（Blockbuster）[②] 却走向没落；主打线上营销的亚马逊（Amazon）

---

① 奈飞是起源于美国的一家会员订阅制的流媒体播放平台。——译者注

② 百视达是美国一家家庭影视娱乐供应商，后随着数字化电影的兴起而衰退。——译者注

为用户提供了跨地域的实时购书体验，颠覆了传统的实体书店；爱彼迎让用户在线上自主选择，成为没有房间的"酒店"。

在这一轮颠覆之前的20世纪80年代，能源行业和公用事业经历了由突然放松管制到垂直解体的重大颠覆。能源行业没有发电、输电、配电和零售等冗余的基础设施和业务流程，它们仅需关注自身的核心竞争力和关键优势，与能源行业上下游的参与者合作发挥协同效应。能源传输环节的基础设施通常由某一家公司所有并操控，这些设施价格高昂，难以维护。在商业模式上，能源行业朝着更加注重为消费者开发新产品、改善定价结构和传播营销信息的方向转变，行业竞争彻底变成了一个市场营销的游戏。

再回到金融服务业，发生颠覆性变革的原因多种多样，有来自经济危机的冲击、消费者对银行信任的缺失，以及变革引发的监管政策宽松等原因。金融服务业的颠覆性变革主要表现为去中介化，即初创的金融科技企业试图弱化甚至取消金融服务中介，以便为用户提供比传统银行和投资公司更快捷、更透明的服务和更优质、更价廉的产品。

初创的金融科技企业是金融科技生态系统的关键组成部分，它们在金融服务业的流程、服务和营销渠道，以及产品定价等方方面面成功地实现了对传统金融业的颠覆，这些都产生了重大和深远的影响，致使更多的颠覆接踵而至。

一、危机

2008 年至 2012 年，全球（尤其是美国和英国）银行体系受到了经济危机的影响，这种影响持续了数年时间。这场全球经济危机引发的强大冲击波对许多大型金融机构产生了毁灭性的影响，并让这些金融机构"破天荒"地登上了负面新闻头条。也许危机带来的最深远的影响是改变了公众对他们曾经信任的金融系统和金融机构的看法，因为这事关他们的财富和由之而来的幸福感。

回头细想，其实金融危机的种子很早就已经彻底种下了。虽然次级抵押贷款和消费信贷的总体宽松是金融危机出现的主要原因，但整个金融系统早已在灾难的边缘摇摇欲坠。毫不夸张地讲，正是公共部门和个人债务的累积，以及公共部门的失责与投资者没有节制的投机炒作，导致大规模的结构性问题不可避免地出现。

金融危机的爆发似乎在意料之中。2008 年已经有很多报道称，投资银行大量发售信用违约掉期合约（CDS）衍生品的行为正危及美国债券的流动性。《甲骨文市场》（*Market Oracle*）的一篇文章（恩达尔，2008）认为信用违约掉期合约市场的价值约为 62 万亿美元。相比之下，美国 2009 年的国内生产总值（GDP）仅约为 14 万亿美元。

英国财政部时任发言人——保守党人菲利普·哈蒙德（Philip Hammond）也在《每日电讯报》（*Daily Telegraph*）上撰文，将信用违约掉期合约的系统定性为"赌场"。他呼吁英国金融服务管理局（FSA）应当对美国国际集团（AIG）在伦敦梅菲尔区销售的金融产品进行公开调查（柯尼希，2008）。几乎在同一时期，彭博社（Bloomburg）也报道称，英国政府承认其在财政部发行了一笔史无前例的大数额债务后，国内信用违约掉期合约的规模攀升至历史最高水平。

事实上，许多评论人士在银行业金融危机爆发之前就发出警告，金融领域将发生重大的系统性问题。例如，美国 Erate 网站[①]的首席运营官（奥斯本，2008）指出"监管机构和华尔街都认为，这些信用违约掉期合约产品会威胁到全球金融体系，它的泛滥可能会引发一场不可预料的大规模信贷危机，从而影响到我们所有人"。Credit Writedowns[②]、《年代》（*The Age*）和 Economati[③]也就此问题提出了相同的观点。

《纽约时报》（*New York Times*）报道，欧盟正在调查银行衍生品政策，巴克莱（Barclays）和高盛等银行都赫然在被调查之列（斯托里和坎特，2011）。消除这些银行之间的对抗性竞争机制，尤其是在获取市场信息和交易清算方面的不良竞争，对整个

① Erate 是美国一家专注于为消费者提供金融和利率信息的全国性出版商。——译者注

② Credit Writedowns 是一个实时提供金融、经济、市场和技术信息的新闻和观点网站。——译者注

③ Economati 是一个关注时下在全球有影响的经济和政治问题的网站。——译者注

经济的平稳运行至关重要。

信用违约掉期合约只是衍生品市场的一种类型，据估计其规模在 700 万亿美元到 1 500 万亿美元（伦德曼，2015）。当人们考虑到外汇市场每年市值 2 000 万 ~3 000 万亿美元时，就会觉得信用违约掉期合约的规模并不是一个不切实际的数字。市场观察网（2008）认为，衍生品是一个"滴答作响的定时炸弹"，它的运作就像一个黑箱，会随时产生可能内爆的巨大泡沫。

在这种严峻的形势下，次级抵押贷款、全球银行崩溃、欧债危机和全球金融危机带来的额外压力只能是火上浇油，只要有所关注，人们就基本上可以预测到金融领域即将发生的"大地震"。更令人不安的是，尽管以减轻债务风险为目的的《多德－弗兰克华尔街改革和消费者保护法》（*Dodd-Frank Wall Street Reform and Consumer Protection Act*）和《巴塞尔协议Ⅲ》（*Basel Ⅲ*）等文件已经出台，但情况并未得到改善。

在金融运作崩溃后接踵而至的混乱中，许多决策被质疑且充满争议。欧洲和美国的多家银行获得了救助。与此同时，各国政府大量出台大规模紧缩措施，对民众造成直接影响。危机对欧洲国家的打击尤为严重，爱尔兰、法国、意大利、葡萄牙、西班牙、斯洛文尼亚、斯洛伐克、比利时、荷兰和英国都不同程度地受到了影响。急剧上升的失业率失去控制，国有资产被出售，公共服务遭到重创。希腊民众的感受可能最为强烈，希腊的情况也最为严重。

与 2001 年的阿根廷动乱类似，在全球金融危机期间，雅典的街道被烧毁。希腊民众面临着工资大幅削减、税收增加和公共服务被取消的窘境。国际货币基金组织（IMF，2010）发布了一系列削减公共开支的措施，包括提高财产税、减少税收减免项目、削减公共部门就业等。在这种情况下，希腊在 2008 年 12 月经历了大规模的骚乱，又在 2009 年和 2010 年发生了进一步的动荡。然而，人们对这一结果并不感到意外。

英国《卫报》（*Guardian*）的一篇文章（克里斯托弗，2008）将骚乱描述为"一种对政治阶层的失败和不诚实深感失望的社会症状"。或许正是这样一场危机，使得公众开始重新审视银行业。上文提及的希腊并非唯一一个受金融危机影响的国家。为恢复本国经济，爱尔兰政府和葡萄牙政府纷纷向国际货币基金组织求助；冰岛政府也被迫接管了国内三大商业银行；而西班牙政府虽一再表明不会向国际货币基金组织等机构求助，但迫于自身岌岌可危的处境，最终还是接受了 1 000 亿欧元的救助。

金融危机后，各国经济受到重创，不仅政府对经济复苏束手无策，需要外界资金的支持，银行也是如此。从 2007 年到 2012 年，"财政援助"一词频频出现在世界各地的新闻报道中，成为全球热词。下面将举例详谈。

2007 年 9 月，英国最大的抵押贷款机构——诺森罗克银行获得了政府资金援助。2008 年 10 月，英国著名的高街银行[1]

---

① 高街银行主要是指在英国的商业大街（High Street）上遍布的银行。——译者注

[如劳埃德银行（Lloyds）、苏格兰皇家银行（The Royal Bank of Scotland，RBS）和拥有哈利法克斯品牌的苏格兰哈利法克斯集团等] 也得到了政府资金援助，三家银行的援助金额合计高达370 亿英镑。面对这一鲜见案例，英国广播电台记者罗伯特·佩斯顿（Robert Peston）惊叹道"这或许是英国银行业历史上最不寻常的一天"（英国广播公司，2008）。

在爱尔兰，盎格鲁 – 爱尔兰银行虽已获得超 290 亿英镑的政府资金援助，但这还远远不够，爱尔兰政府最终只能向国际货币基金组织寻求帮助。根据《华尔街日报》（Wall Street Journal）的报道（萨阿和福特莱尔，2010），从 2007 年到 2010 年，爱尔兰的国债规模几乎翻了两番。2008 年，冰岛最大的三家商业银行倒闭时，冰岛总共收到了来自国际货币基金组织的 46 亿美元的援助。而葡萄牙也获得了国际货币基金组织 780 亿欧元的救助款，或许能帮助葡萄牙解除主权债务危机。

此外，《福布斯》（Forbes）全球上市公司排行榜排名世界第二的汇丰银行在 2011 年 8 月宣布，尽管上一财年的利润超过 70 亿英镑，其仍将在未来两年内削减 30 000 个工作岗位（威狄吉尔，2011）。虽然银行有着获得巨额利润的能力，但相比之下，它们更愿意获得政府公共资金的救助。为了解银行的真实情况及其潜在风险，探讨进一步救助的可能性，2011 年 7 月，欧洲银行业管理局对欧洲 91 家银行进行了压力测试，并发布了压力测试报告（阿查里雅、德雷克塞尔和施纳贝尔，2011）。

然而，最大的经济救助发生在美国。这场金融危机中，处境艰难的保险业巨头美国国际集团，曾获得 1 500 亿美元的财政援助。2008 年 9 月，美国政府向美国最大的两家非银行住房抵押贷款公司房利美和房地美注入了 2 000 亿美元的公共资金，以避免这两大金融机构的流动性困境进一步冲击美国经济。《卫报》称之为"世界上最大的一笔救助款"，然而，根据美国经济新闻刊物《每日清算》(*Daily Reckoning*) 的计算，由于未偿债务的存在，救助这些企业的实际成本可能在 2.5 万亿美元左右。而这一估计仍被认为相对保守，根据美国有线电视新闻网（CNN）的报道，将这一数字翻一番可能会更接近美国纳税人在此次救市中的真实成本（伊西多尔，2009）。

此外，在对美国国际集团的财政援助中，与美国国际集团存在交易关系的 15 家银行亦从中获益。其中包括兴业银行（法国）、美林国际、德意志银行、法国农业信贷银行、瑞银集团（瑞士）、巴克莱银行、德国中央合作银行、蒙特利尔银行（加拿大）、荷兰合作银行、苏格兰皇家银行（该银行已经接受了英国纳税人的一次援助）、美国银行、美联银行（美国）、汇丰银行（英国分部）以及巴克莱全球投资者。而第 15 家银行是被认为与当时的奥巴马政府有着密切关系的高盛集团，其在此次财政援助中获得了 129 亿美元的援助资金。

由此产生了一个怪圈，那些富有和权威的机构获得了难以想象的高额公共救助金，而公众却被再次告知需要勒紧裤腰带过日子……在这场特殊的金融危机结束时，公众似乎不再像原来那样信任银行和金融体系了。

金融危机过后，创新随之萌发，人们开始尝试新的事物。

二、共享经济的出现

共享经济的兴起和快速增长源自普通民众情绪状态的转变，或许也受到金融危机后经济紧缩的情绪影响。每天，人们都准备好分享自己所拥有的一切，专注生活体验并试图将其最优化，而不是贪婪地为自己攫取每一分钱，尽管大企业一直从共享经济概念中赚取大量收益。

时至今日，这一领域的"大玩家"早已广为人知。我们很多人都在优步平台打车，使用爱彼迎预订房间，还有其他琳琅满目的共享服务，其囊括了房屋、宠物看护、汽车租赁等。当然，我们得支付少量的费用。

新兴的社会趋势有助于推动共享经济组织和企业的兴起。尤其在当前数字系统和社交媒体的密切融合发展已成为主流的情况下，个体和组织能够更便捷地交流有助于提升共享经济中企业的可扩展性，这也正是业务增长的关键。

当前，我们已经形成了普遍的共识——社交网络促进了商业的发展。同龄人的行为决策对消费者会产生潜移默化的影响，更不用说"时尚达人"对消费潮流的指引带动了。许多公司利用这一趋势，专注于促成团体交易（团购）。这也成为共享经济增长的重要因素。

人口持续从农村流动到城镇，给共享经济组织带来了有益的影响。人们聚集在一个相对狭窄的空间里，通过一系列新型的共享企业和组织来解决问题。优步就是一个典型的例子，它依靠聚集在特定区域内的大量供应商和消费者来有效运营平台。

价格上涨和资源紧缺的综合影响是推动共享经济兴起的另一个重要因素。当前，人们的生活成本之高前所未有，人类对资源的过度消耗也日益严峻，这一切终将导致一场潜在的生态灾难。人们开始意识到消费主义导致的环境恶化，以及拥有"小件"商品带来的财务成本，于是人们开始逐渐放弃所有权。

除了以上提到的推动因素，共享经济的兴起对诸多方面也起到了拉动作用，这些因素凸显了人们从这种新的工业思维中获得的好处。新的消费模式有显著的益处，能有效吸引媒体和精通技术的千禧一代[①]——他们无疑是共享经济市场中规模最大、最热情的消费者。

通过合作开发开源检测技术，共享经济有助于减少欺诈和生活压力。它还重新定义了人们对就业关系和合同的看法，在各方面提升了工作的自动化程度和灵活性。

共享经济还具备改进资产管理和推进资产维护的进一步潜力。通过使用软件、传感器和加密技术，企业将能够提供更高级别的透明度，使用户能够实时跟踪和检查交易中涉及的所有内容。

---

① 千禧一代是指 20 世纪 80 年代初至 20 世纪 90 年代中期出生，在跨入 21 世纪（即 2000 年）以后达到成年年龄的一代人。——编者注

共享经济也可以通过资源的节约使用对环境产生积极影响。共同协作的理念还可以推动企业采取减少包装、使用材料和促进碳排放的战略。随着未来几年环境友好型社会转型步伐的加快，共享经济的重要性和价值将更加凸显出来。

三、金融科技公司的出现

在共享经济蓬勃发展的背景下，市场为灵活创新的新型公司和运营商打开了空间。公众普遍对金融市场的创新抱有期待，而新想法、新品牌、新名称和新面孔似乎是实现创新的最佳方式。大量灵活而富有想象力的公司在科技领域涌现，令人振奋不已。

位于旧金山的 SizeUp[①] 就是这样的案例。SizeUp 与银行合作，帮助小企业利用大数据做出更明智的决策。获取银行服务通常是小企业经营活动所面临的挑战，相比成熟的公司而言，小企业获得融资和信贷的机会更少。事实上，SizeUp 是新兴金融科技公司与传统金融机构合作的一个很好的例子，其客户包括富国银行、德意志银行、彭博新闻社、美国小企业管理局和白宫。拥有基于数据驱动的洞察力，使 SizeUp 成为助力其客户成功的重要合作伙伴。SizeUp 通过瞄准银行业务生命周期的关键决策点推出产品，增加与原有客户的互动，旨在帮助银行获客和留住用户。

---

① SizeUp 是一家致力于为小企业提供大数据决策分析的公司。——译者注

Cashflower 是 SizeUp 在硅谷的兄弟公司，主要提供有效的现金管理和信贷访问工具。其工具能够帮助小企业控制现金流，同时提供简单、对用户友好和直观的界面。

统计数据表明，大约有 45% 的小企业在经营的第一季度就花光了现金，然而它们大多选择从非银行贷款机构获取资金。Cashflower 为中小企业提供了解决方案，帮助它们获得银行服务，并为小公司提供更优惠的信贷额度。Cashflower 提供帮助银行吸引和留住中小企业客户的现金流工具，同时也为中小企业服务。

SnapCard 是另一个有趣的产品，它充分把握住数字货币革命的机遇。这套技术解决方案的使命是让企业和消费者理解并接受在诸多传统支付方式之外数字货币的价值。为实现这一点，SnapCard 通过卡片形式，让消费者可以轻松地访问数字货币和加密货币。SnapCard 提供了一种可行的支付方式，使其成为企业和消费者日常使用的便捷资源。

Plaid[①] 是硅谷公司进入数字金融科技领域的另一个例子。Plaid 基于可扩展的应用程序接口（API），使得金钱支付活动既直观又简单，改变了消费者、银行、企业、开发者的金融交互方式。该解决方案简化并运用了各项新技术，这些新技术通常会冲击现有的金融架构，并渗透到使用各种金融工具的投资者中。连接消费者、传统金融机构和开发人员的技术基础设施 API 在

———————————

① Plaid 是一家研究数据传输网络的美国金融科技公司。——译者注

Plaid 的影响下逐渐民主化，成为开放银行的重要组成。

最后举个例子，SigFig[①] 提供一种高度智能的移动解决方案，它使用户能够以合理的价格构建稳健的投资组合。SigFig 使用现有的研究报告、科学理论和数据来帮助投资者做出决策，并使金融系统中某些高门槛的行业出现了潜移默化的民主化改变。SigFig 已经指导了 750 000 名投资者，这一数字在未来可能会大幅增长（梅尔卡丹特，2019）。

从本质上讲，这 5 个例子仅仅触及来自硅谷的数字金融科技创新的皮毛。由数字金融解决方案、新型数字货币以及不同规模企业的多元化市场准入驱动形成的新环境，加上消费者和企业对金融产品的需求，会促使金融科技的市场地位在短时间内得到迅速提升。

四、金融科技的快速发展

与金融科技革命相关的一些统计数据显示了金融科技的发展。全球管理咨询和专业服务公司埃森哲（Accenture）的一份报告评估了 7 个市场中的 20 000 家银行和支付机构，发现银行业市场的新进入者已经分得了三分之一的蛋糕。

埃森哲还深入了解了金融科技市场的一些区域差异，如英国和美国实际上落后于其他一些国家和地区。英国政府一直热衷于

---

① SigFig 是美国的一家智能投顾平台。——译者注

开放金融科技行业，因为英国一度落后于其欧洲邻国。事实上，埃森哲的研究（2018 年）结果显示，金融科技新兴企业的收入仅占该国银行和支付总收入的 14%。

然而，与美国相比，这是一个很高的数字。在美国，金融科技和银行业初创企业仅占总收入（1.04 万亿美元）的 3.5%（班布鲁，2018）。英美金融体系和机构的既定性质很可能成了金融科技新兴企业的发展障碍。

研究结果还显示，加拿大的银行业是受金融科技干扰最小的市场，这表明北美的金融科技发展还有很长的路要走。与此同时，欧元区多元化的银行法迫使市场为金融科技创新者开放准入。

统计数据还显示，仅在 2017 年第三季度，金融科技公司就筹集了 600 亿美元的资金。保险业被视为金融科技的快速增长点，预计 84% 的保险公司将在未来 3~5 年内与金融科技公司建立合作伙伴关系。截至 2017 年年底，42% 的支付公司已经与金融科技公司合作（毕马威，2017）。

2018 年 1 月，一度备受质疑的加密货币市场已经达到 7000 亿美元的市值（马丁，2018），而这只是金融科技给市场带来颠覆的一个例子。个人银行业务也受到金融科技革命的重大冲击，Bankingtech^① 甚至将商业银行列为新金融科技提供商的一个重要

---

① Bankingtech 是全球银行科技金融网站和数字金融平台，后改名为 Fintechfutures。——译者注

颠覆领域。

五、金融科技的替代者

金融科技颠覆了现有的银行业，"金融科技"这一术语也成了颠覆式创新的代名词。在金融领域，颠覆式创新的例子不胜枚举，这里我们重点关注 4 个。

一是 TransferWise[①]，它使人们可以访问全球各地的银行账户。为了方便消费者支付，TransferWise 会依据实际汇率从其在本国的账户向收款人付款。该公司引以为傲的地方在于，TransferWise 的支付费用比传统银行低很多（TransferWise，2018）。这家金融科技公司每月的转账规模已达到 30 亿美元（布朗，2018）。

二是 Nutmeg，一家掀起波澜的金融科技公司。该公司为投资者提供了智能化和多元化的投资组合，成为数字财富管理领域的市场领袖。事实上，Nutmeg 在英国已经创造并维持了 6 年的业绩记录，吸引了 60 000 名客户，总投资超过 10 亿英镑（瑟斯顿，2018）。

三是 Square[②]，一家广为人知的金融科技企业，它正在颠覆商业领域。Square 帮助客户更轻松地使用银行卡付款，无需任何复

---

① TransferWise 是一家提供国际汇款转账服务的对等网络（P2P）平台。——译者注

② Square 是美国的一家移动支付金融企业。——译者注

杂的手续。客户只需下载 Square 应用程序，就可以在几分钟内完成信用卡支付，下一个工作日即可提现到账。这种银行业的销售终端软件已取得了巨大成功。

四是 Stripe，它被认为是支撑互联网业务的强大的软件平台之一。该公司每年处理价值数十亿美元的业务，并通过为电子商务提供强大而灵活的工具，与世界各地具有前瞻性思维的公司建立联系。正如前面讨论的，Stripe 的强扩展性对技术领域的初创企业尤其有价值。Stripe 吸引了数以百万计的公司使用其解决方案，无疑已将自己确立为商业市场中一个有机组成部分。

以上四个案例中的公司都在金融领域取得了重大成就，同时，还有其他因素将这些年轻的初创企业聚合在一起。这些金融科技公司使用的品牌没有传统的银行架构那么古板僵化。这些品牌大多通过移动应用程序进行营销，以吸引年轻人。随着更多年轻人带着富有活力的海量信息涌进金融科技领域，这些新的金融科技竞争对手的影响范围将在未来几年进一步扩大。

六、两个核心要素

两个核心要素有效地汇聚在一起，推动金融科技革命的车轮缓缓启动。第一个核心要素是市场对银行业的信任普遍缺失，意味着许多消费者对传统的金融服务提供商持怀疑态度。第二个核心要素是技术的快速革新，迅速降低金融科技领域许多创新公司的准入门槛。值得注意的是，苹果公司的第一款 iPhone 是在全球金融危机爆发前 12 个月左右推出的，恰逢金融业迈入变革的时代。

消费者行为的普遍转变也对金融行业产生了重大影响。几十年来，银行一直处于垄断地位，几乎没有竞争对手。这对金融服务行业来说是极其不健康的，因为传统金融服务提供商需要收取高昂的佣金，并对不同的产品索取不公平的费用。消费者通常别无选择，只能在现有行业内货比三家，但往往收效甚微。

全球金融危机对传统金融服务提供商造成猛烈冲击的时期，也是业内技术人员抓住机会提供创新产品的好时机。几十年来，金融服务业都没有外来者和颠覆者，因而尝试创新在很多方面而言都是一个大胆的举措。但一大批高素质、雄心勃勃和富有创业精神的个体已经看到了重塑整个金融行业的潜力。

一批新的创新者很快出现了，他们创建公司并迅速壮大到足以与他们之前工作过的机构竞争。Revolut①就是一个突出的例子，它是由雷曼兄弟的前交易员创立的。自 2015 年成立后，Revolut声称每天新开 7 000 个账户，在欧洲拥有超过 250 万客户，并自那时起确立了行业中的领导地位（《洞见成功》，2018）。

像 Revolut 这样的公司通过专注于技术研发，迎合了客户对于当下时代精神（zeitgeist）②的追求。这是脱离银行业创建新型

---

① 一家专注于支付结算业务的金融科技初创企业。——译者注

② 根据《韦氏词典》，zeitgeist 是指一个时代整体的智识、道德或文化氛围，常用于企业、商界等。——译者注

金融服务公司的革命者的核心愿景，在这个新的金融科技领域，人们痴迷于开发更好的技术，以确保金融产品和服务能够以更好、更合适的方式提供给客户。

实际上，银行业对来自金融科技的威胁的反应相当缓慢，这在某种程度上或许可以理解。当长期处于霸权地位而没有受到任何挑战的时候，银行业就很容易滋长自满的情绪。我们可以想象那些拥有大量资本和资源的大型银行对一些硅谷创业者持不屑一顾的态度。在全球金融危机肆虐之际，为抵御未来的崩溃危机，银行更有可能将注意力集中在审查金融模型和银行业务上，而不会去寻求创新和开展新的业务模式。

但事实证明，传统银行错失了机会，金融科技公司的出现进一步暴露了银行的狭隘视野。从第一天起，最成功的金融科技公司就通过聚焦技术的方式进入市场，这也是他们向消费者推销自己的方式。金融科技公司特别注重与年轻的银行客户建立联系，因为这些客户更容易接受金融科技公司开展业务的方式，并且也经常受到传统银行的歧视。

智能手机的兴起也是金融科技服务走向流行的一个主要因素。我们很难想象一个没有智能手机和金融科技服务的世界，现今它们已经完全融入了我们的生活。随着移动设备的无线热点和互联网逐渐深入人们的生活，未来几年，移动技术将会持续影响金融行业。

虽然我们可能会将此与西方市场联系起来，但同样需要强调的是，智能手机的普及对新兴经济体也产生了重要影响。尤其是非洲大陆，几乎绕过了固定电话直接进入移动电话领域，这使这个快速发展的工业领域成为新兴金融科技的肥沃市场。同样的情况也出现在亚洲和拉丁美洲的其他新兴市场中。

在这种背景下，消费者越来越难以接受大型金融机构"大而不能倒"的观点，"小而美"的金融科技公司无疑得到了大力支持。"大而不能倒"已成为一个有争议的观点，并且由于金融科技公司开始提供与银行之前完全相同的金融产品，所以支持该观点的理由根本站不住脚。因此，与20世纪的任何时候相比，金融科技公司能够在短时间内占据相当大的市场份额，它们受到市场的质疑和阻碍要少得多。

全球金融危机后的经济衰退也是金融科技公司成功的原因之一。一方面，企业和个人的负债大幅增加；另一方面，企业和个人获得银行贷款却变得更加困难。这种背景迅速催生了新一代的贷款机构。个人理财和信贷一直是金融科技首先进入并快速做大的领域，这并非巧合。

最重要的是，早期的金融科技创新者认识到需要开发一种全新的金融业务，来重塑银行的运营方式。成功的金融科技公司初创者们意识到，银行和金融服务不应将特定的个体和群体排斥在外，并且应当避免出现对客户含糊不清、充满敌意甚至掠夺他们资产的情况。金融科技革命从一开始就奠定了透明的基调，而这一基调对其最终的成功来说至关重要。

七、支付——早期的颠覆者

在日常生活中，移动支付系统是用来说明金融科技崛起的最好的例子，它是最早出现的颠覆的领域之一。准确地说，传统银行的确将这些新兴业务视为颠覆性挑战，并且在金融科技发展初期将其视为竞争对手。在那时候，金融科技绝对是竞争、脱媒和颠覆的代言词。银行和金融科技公司之间的合作极少，双方尚未真正了解彼此。

然而，未来这种情况可能会发生变化，因为无论传统银行如何将金融科技公司视为不受欢迎的竞争对手，随着立法环境的开放和更加多元化，传统企业都不得不接受金融科技公司作为经济体系的一部分。监管机构逐渐放开金融科技初创公司申请国家银行牌照。虽然这对传统的银行业来说可能是个坏消息，但对希望获得更好服务和更低花费的消费者来说，这最终将是一件好事。

事实上，银行业的金融科技已经大量涌现，Chime[①]、Varo[②]和 Moven[③] 等竞争对手提供支票账户、信用卡透支保护、储蓄账户和直接存款服务。其他金融科技公司也有兴趣进入这些领域，甚至像贝宝（PayPal）这样的大型金融科技服务提供商也在密切

---

① 美国的一家提供手机银行服务的初创公司。——译者注

② 美国首家获得国家银行牌照的金融科技企业。——译者注

③ 美国的一家手机金融服务商。——译者注

关注该行业。

《福布斯》(*Forbes*)预测，世界上最具影响力的公司也愿意涉足金融科技银行业务(克努森，2019)。近年来，亚马逊已经涉足了许多领域，这家零售巨头有足够的财力进入这个利润丰厚的新市场。《华尔街日报》报道称，亚马逊开始计划为其客户创建一款银行账户产品，这款产品将针对那些可能没有传统银行账户的年轻人(格莱泽、霍夫曼和史蒂文斯，2018)。这仅是亚马逊的一项合作计划，亚马逊的目的不在于掌控该行业，但它具备较强的扩张潜力，可以说，亚马逊就是该行业的一个颠覆者。

然而，现有的创新范式并不能够改变老牌银行对金融科技的看法。摩根大通董事长兼首席执行官杰米·戴蒙(Jamie Dimon)对金融科技革命发表了一些观点，称"数百家拥有大量创新者和充足资金的初创企业正在研究传统银行业务的各种替代方案"(维兰特，2019)。这句话的重点应该放在"替代"上；显然，摩根大通仍将金融科技视为威胁，而非合作伙伴。

Visa首席执行官查理·沙夫(Charlie Scharf)也赞同这一观点，他曾在2016年宣布要"以人们从未见过的方式"收购贝宝。除了这一尖刻的评论，他还不怀善意地提到，"因为贝宝从来不是我们在市场上的竞争对手"(德雷，2016)。

要使传统银行将金融科技公司视为合作伙伴，还有很长的路要走。由于金融科技仍处于起步阶段，该领域的创新公司仍有强烈的意愿与国际金融巨头建立联系。但在不同行业中，许多颠覆性的创新在受到欢迎的同时也被妖魔化。然而，在通常情况下，任何领域的老牌参与者都会通过推进变革应对初期的威胁，并最终形成二者和平共处、和谐繁荣的局面。

金融科技尚未发生这种情况，但这一行业仍然充满了增长机会和创新的潜力。随着源源不断的"新鲜血液"对市场持续产生颠覆性的影响，金融科技公司与传统银行之间的合作与融合将不可避免地扩大和加深。银行甚至会成为金融科技的受益者，既可以参与对金融科技公司的财务投资，也可以为金融科技公司提供其发展所需的一些基础设施，充分发挥它们的潜力。

银行可能还没有完全认识和接受这一点，但对目前备受银行警惕的金融科技公司来说，未来是令人兴奋和精彩纷呈的。

第二章

金融科技提升客户体验

金融科技公司可以提供传统银行无法提供的东西，其关键就在于客户服务。金融领域的老牌银行更喜欢凭借多年来的经验来树立受人信任和尊敬的形象。它们的重点是向用户传递资金放在银行将无比安全的理念，这在打造银行品牌和声誉的过程中至关重要。

我们在上一章谈到的金融危机严重削弱了人们对金融机构的信任。虽然并非所有银行在信贷紧缩期间都陷入了困境，但零售银行受到的冲击巨大。消费者目睹了许多重要的金融机构陷入巨大的财务困境，然后获得了巨额的救助资金。人们往往对这类事件印象深刻！

一、转变用户期望

传统银行可能无法满足客户当下对服务体验的期望，甚至无法满足他们对于银行以及客户服务的整体期望。年轻人尤其如此，他们受到科技领域创新公司的引导，对客户服务和品牌价值有着更高的追求。

与那些历史悠久且实力雄厚的大型金融机构不同，金融科技公司擅长满足客户快速变化的需求。它们可以从一开始就进行适当的品牌化，并从谷歌（Google）、脸书（Facebook）[①]、优步、Spotify[②] 和亚马逊等世界上优秀的互联网公司中学习经验，并将这些经验付诸行动。

这些公司都广为人知，但是它们具备不同的特质，这些特质对于它们的成功尤为重要。谷歌之所以能够吸引超过其他搜索引擎的用户，是因为它简洁而高效。脸书和 Spotify 竭力保障用户根据个人喜好进行私人订制。亚马逊致力于创造一种新的消费和零售文化，人们足不出户就可以在线上购买和在家收货。优步则将客户服务和透明度作为打车应用的核心。

这些公司彼此也有很多相似之处，每家公司都从其他公司的运营中吸取了教训，并认真对待客户积极和消极的反馈。他们共同打造了一种新的客户服务模式并将这一模式常态化。客户希望及时收到他们所购买的东西，打通从"仓库到用户"的物流循环；客户希望能够获得全天候的服务，无论客户身在何处；客户要求公司的经营活动透明合法，尤其在为客户提供服务的时候。

如果说传统的金融公司忽略了这些趋势，或者完全没有作出回应，这既不公平也不准确。毋庸置疑，传统金融公司已经在努力拥抱新的消费文化。当然，我们可以说大银行的形象依然古板，它们甚至对自身运营的全新理念——以及金融科技公司——

---

① 现已更名为元宇宙（Meta）。——编者注

② 一个正版流媒体音乐服务平台，于 2008 年 10 月在瑞典首都斯德哥尔摩正式上线。——译者注

持极大怀疑态度。

考虑到多年来一直在以不同模式稳步推进业务，或许传统银行并不适合改变自己的经营方式。对老牌金融机构而言，突然给自己贴上标签可能会显得时髦、新颖并颇具挑战性，而这正是金融科技公司的用武之地。

金融科技公司在提供新的客户服务模式方面有着巨大的领先优势，原因有二。第一，它们可以以一种全新且所提供的服务和产品相一致的方式为自己树立品牌。第二，金融科技公司本质上借鉴使用了科技公司引以为傲的新技术，这意味着金融科技公司可以提供现代消费者所期望的灵活和及时的产品和服务。

二、提升客户服务质量

影响银行业客户服务发展的一项举措是传统银行决心提高客户服务质量，这在一定程度上受到金融科技初创公司的影响，并且在金融服务领域创造了良性循环。

银行无疑已经受到金融科技公司的影响，尤其在客户服务领域。由于金融科技在很大程度上依赖移动通信技术，于是银行打破传统银行网点的时空限制提供线上金融服务，为客户提供更多选择。这种变化在金融科技革命出现之前就开始了，但随着一批金融科技初创公司大获成功后，银行变革的趋势无疑已经加速。

金融科技对金融业的巨大影响显而易见，正是这种环境迫使银行迅速改变与客户沟通和互动的方式。

虽然银行和金融科技公司可能存在分歧，但在坚实的沟通基础上与客户建立关系的共同目标意味着二者有很多共同点。金融科技公司一开始就将以客户体验为中心的理念作为运营的核心，银行需要迎头赶上，将客户置于其整体运营体系中更加突出的位置。

例如，银行开始接受金融科技革命中兴起的人工智能技术。这一创新将转变银行与客户沟通的方式，并推动基于客户需求和体验的智能化自助服务的发展。聊天机器人和预测分析可以发挥协助作用，并改变银行与客户互动的方式。

人工智能在银行业的崛起相当迅速，日益改善了全球银行业消费者的用户体验。《BFSI①2019—2026年全球人工智能市场研究报告》有力地说明了这一点，该报告表明，银行、金融服务和保险行业的人工智能在2019—2026年将实现26%的复合年增长率。越来越多的组织开始使用人工智能，因为它可以在提升金融机构客户服务水准方面发挥重要作用。

日常银行业务如重设密码、查询账户余额、跨行转账或按月还款等，正逐步实现自动化。人工智能的使用为客户提供了额外的便利，同时也有助于加强银行和金融科技行业的联系。金融科技公司一直是这项技术重要的发明者和传播者，因而传统金融业与金融科技领域出色的公司有必要加强合作以推动新技术的应用落地。

---

① BFSI 是指银行、金融服务和保险行业。——编者注

千禧一代在影响消费者预期方面的重要性无可比拟，仅在美国，这一群体就已达到 8 000 万人。值得注意的是，年轻的银行客户表现出与老客户明显不同的行为，伯恩马克[①]公司的研究表明，在 40 岁以下高净值客户中，64% 的客户希望通过网站访问他们的账户，54% 的客户希望使用移动应用程序、社交媒体或视频等数字渠道（伯恩马克，2017）。

移动可访问性是现代银行经营中最重要的特征之一，尤其是在移动设备已经成为通信的标准载体的情况下。银行客户通过各种各样的方式获得智能化自助服务的愿望得到了极大满足，这在之前是无法想象的。

过去需要访问当地网点的各种金融活动现在可以通过移动设备完成，这或许比其他任何因素更能彻底地改变银行业和客户服务。当然，计算机语言的发展成了这场革命的基本驱动力。

客户数据表明，客户访问银行实体网点的意愿正在迅速下降，而且随着年轻人在整个客户群体中规模的增加，这一趋势只会更加明显。这与银行自身的策略是一致的，全球银行网点机构数量的稳步下降反映了金融机构认识到优化发展他们与客户互动的方式的重要性。

---

① Burnmark，中译名为伯恩马克，是一家专注于研究金融科技领域的公司，总部位于英国伦敦。研究内容包括数字银行、移动支付、人工智能、区块链等。——译者注

三、早期金融科技初创企业和商业模式

在发展初期，金融科技公司就采用了区别于传统银行的创新业务模式。它们尤其注重优化成本，意图打造一个卓越的金融生态系统。这与其他技术领域非常相似，因为其他行业的创新推动了金融领域预期的提升。客户需要无缝衔接地获取更高质量和更加个性化的服务，而金融科技有能力提供这些服务。

奥米迪亚网络公司（Omidyar Network，自称"慈善投资公司"）的研究表明，大约 1.4 亿美国人或多或少都在支付账单或为紧急情况储蓄时面临过财务窘境，同时，他们每年还要为金融产品和服务支付 1 750 亿美元的费用和利息。奥米迪亚的研究（摩根斯坦和威廉姆斯，2018）发现，金融科技产品可以为美国普通家庭每年节省约 2 000 美元的支出，这与消费者日常生活息息相关。

为了实现这一目标，金融科技公司建立了经济上可持续且能与客户建立信任的收入模式。获取客户的信任非常关键，传统银行可能忽略或失去了部分客户信任，而这恰好是金融科技的机会。事实上，爱德曼（Edelman）在 2012 年的一项消费者调查中发现，银行业现在还不如房地产中介受信任（皮尔奇，2012），他指出，银行的文化和经营实践需要进行"根本性变革"。

回到奥米迪亚网络公司的研究，其研究发现，金融科技公司愿意并且能够直接向客户收费。事实上，75% 的金融科技公司的主要收入来源通常是直接向客户收费。奥米迪亚网络公司的投资负责人莎拉·摩根斯坦（Sarah Morgenstern）解释说，关键的区别在于，金融科技公司超越了费用透明的既定思维模式，让客户了解对其而言真正的附加值是什么。这是一种建立客户信任的更加大胆的方式。

同时，成功的金融科技公司已经在其核心产品中嵌入了附加服务。Stripe 和 Square 可能是这方面出色的例子，我们将在本章后面更深入地研究它们的模式。但这两家公司一直在寻求收入来源的多元化方式，因为支付行业的商品化正日益侵蚀其核心业务。因此，Stripe 和 Square 通过寻求利用附加服务来构建新产品，然后将新产品授权给他们现有的客户群。

Statista[①]（斯密基拉，2017）认为，金融科技无疑对欧洲金融机构的商业模式构成了较大威胁。根据线上统计、市场研究和商业情报门户网站对金融业的调查，61% 的受访者表示金融科技公司是影响银行业收入的最大威胁者。但金融科技公司与现有银行显然存在合作的潜力，现有的金融体系也开始意识到这一点。39% 的受访者认为，金融科技公司能够为商业银行带来增加营收的机会。

金融科技真正发挥作用并完成范式转换的关键市场是发展中国家和新兴国家。微软公司联合创始人兼前首席执行官比尔·盖茨（Bill Gates）评论说，"在金融监管的支持下，数字技术为发

---

① 一家全球领先的研究型数据统计公司，2007 年在德国汉堡成立。——译者注

展中国家的人提供了相互汇款、买卖商品、借贷和储蓄的低成本方式"（安贝尔，2015）。

如果我们以印度为例，这个快速工业化的国家为金融科技渗透市场提供了理想环境。印度的银行业对技术颠覆的需求尤为迫切，因为近 20% 的印度人无法获得银行服务（桑格拉，2018）。由于印度是一个技术不发达的国家，金融科技公司进入印度市场开展投资是十分经济的选择，也是绝佳的机会。考虑到印度人口超过了 10 亿，金融科技的涌入明显会带来巨大的经济影响。

过去几年，印度见证了金融科技初创企业的迅速崛起。有一些表现突出的金融科技初创企业值得关注，例如各种创新工具和实时信贷服务的提供商 Faircent，以及在数字销售平台为客户提供资金的实时信贷提供商 Kissht。这些初创企业在改变技术格局的同时，也在一个经济快速发展却面临普遍贫困的国家努力改变着人们的生活。

在新兴经济体中，激进的客户服务革命将持续下去。在发达国家，一部分人会被银行拒之门外；在发展中国家，这种现象更加严重。尤其在非洲国家，大量人口不被银行服务所覆盖，他们无法获得银行服务，甚至连基本的银行账户都没有。

金融科技已经在改变这种状况。随着许多新兴国家对移动技术的积极采用，其消费者可以获得全新水平的客户服务，甚至许多人是第一次使用银行服务！大量金融科技公司热情地拥抱新兴市场，这是充满活力的创新者优化世界各地客户服务体验的另一种方式。

近年来，美国基于移动应用的支付金额以每年约 40% 的速度增长。很明显，客户对银行服务的需求正在迅速变化。在这种环境下，满足客户的需求不再是给银行提供的选择，而是银行经营和生存所必须做的。这在很大程度上归功于金融科技公司的努力。

四、金融科技公司试图吸引传统公司的客户

除了主导金融科技行业的新兴初创公司，一些在全球处于重要地位的公司也开始关注这一利基市场[①] 的潜力，即便它们不是传统的金融供应商。例如，许多市场分析师都在谈论全球最大的零售商亚马逊提供银行服务的可能性。

亚马逊已经在与摩根大通和第一资本金融（Capital One）等公司讨论为其客户创建支票账户的可能性，该账户将嵌入亚马逊现有的服务（《银行家》，2018）。毫无疑问，亚马逊的这一项目将对零售银行构成威胁。

其他创新者也在挑战现状。另一个产生重大颠覆性改变的初创公司是总部位于柏林的 N26。N26 与大多数人熟知的银行完全不同，它没有自己的分支机构或自动柜员机（ATM）。相反，客户可以通过其他自动取款机或 7 000 家附属零售商从 N26 获取现

[①]　利基（niche），网络营销的专用名词，niche marketing 可翻译为利基市场或利基营销，通常指细分的市场、细分的用户群体、细分的商业渠道、经营模式等。——译者注

金。与许多金融科技公司一样，N26 的主要客户是千禧一代，他们面对传统银行的金融产品时往往由于知识、财务等门槛过高而处于劣势地位，并且他们发现传统银行和金融服务通常缺乏吸引力，甚至令人生畏。2017 年"千禧一代颠覆指数"发现，71%的受访者宁愿去看牙医，也不愿去当地银行寻求金融服务（西班牙对外银行，2015）。

但这种情况不仅限于千禧一代。在这个时代，有多少人真的想在金融交易上花时间？人们几乎没有时间进行交易，更不用说有交易的意愿了！我们想马上得到结果，而不是在 15 分钟后！因此，金融科技公司的秘诀在于快速取胜——通过移动设备轻松地进行交易。对客户而言，这是非常有吸引力的方式，因为他们只需点击几下鼠标就可以完成银行业务（类似于亚马逊在其零售网站上建立的系统）。任何能够提供便利和快速交易、降低使用其产品所需的金融知识门槛、建立对其系统的信任并提供整套银行产品的提供商，在当前的环境下无疑都将大有作为。

市场调查结果反映了这一点。在其关于"金融科技趋势"的报告中，数字分析机构 CB Insights[1] 发现，60% 的美国银行客户愿意尝试他们熟悉的科技公司的金融产品，对 18 岁至 34 岁的人来说，这一比例则上升到 73%。（CB Insights，2018）。

金融科技公司利用这种趋势的一种有趣方式是创造"不可

---

① CB Insights 是一家数据分析咨询公司，拥有业务分析平台和全球数据库，可提供有关私营公司和投资者活动的市场情报。——译者注

编程"的产品（是的，我意识到这是一个可怕的词）。金融科技颠覆者可以设计精美的借记卡和其他实体金融产品，用鲜明的色彩、简约的设计吸引千禧一代。金融科技公司还可以通过简洁的布局、个性化和独特而厚重的材料将自己的卡与传统银行卡区分开来。Venmo[1] 和 SoFi[2] 是选择采用垂直布局的公司的典例，它们设计独特的卡片样式，既新颖又引人注目。

Square 和 Acorn[3] 还通过为他们的借记卡产品提供类似于信用卡的奖励，激励客户注册他们的账号享受服务。Square 的"现金卡"奖励计划在繁华的商业街店铺实施"现金奖励"，提供 35% 左右的一系列折扣。Square 同样与美国著名快餐店昔客堡（Shake Shack）、美国最大的连锁超市全食超市（Whole Foods）和墨西哥风味便餐 Chipotle 等一系列知名品牌合作，提供类似的客户激励措施。

但这些举措的市场渗透率如何？许多金融科技公司透露了他们的客户数量，并且似乎他们从传统银行那里也获得了部分客户。最近的初创公司数字银行 Starling bank 拥有 21 万客户，Monzo 的客户数量接近 100 万，与其美国同行 Chime 一样。前面提到的新型银行 N26 也拥有超过 100 万的客户，著名的 Revolut

---

公司的客户已经超过了 200 万。一些具有市场领导地位的公司客户规模更大。TransferWise 拥有 300 多万客户，Square 拥有 700 万客户，加密货币交易所 Coinbase 则拥有 2 000 多万客户。

虽然传统银行起初对金融科技公司抱有怀疑，且不愿与那些能够对其业务构成威胁的公司合作，但有证据表明这种模式正在发生转变。根据 2017 年普华永道全球金融科技报告，随着老牌金融机构逐渐了解变革性技术的潜力，金融科技公司和银行开始减少竞争，增加合作。普华永道（2017）指出，新的合作时代即将到来，82% 的传统银行预计将在 2022 年前拓展与金融科技公司的合作伙伴关系。

五、支付和挑战者银行业务

当我们看到金融科技颠覆的两个关键领域时，我们就会明白，银行对此即使没有感到害怕，也会保持警觉。首先，金融科技颠覆了支付领域，提供了前所未有的快速、便利、高效和多渠道的可访问性。这使金融科技公司能够在零售、薪资、在线小额支付和跨国转账等领域取得巨大成功。

以消费者为中心的金融科技解决方案已经彻底改变了支付市场，越来越多的公司在这个领域不断涌现。这个细分市场中的成功颠覆者包括 iZettle，它为小企业提供便携式销售点解决方案和免费的销售概览表。iZettle 之所以大获成功，是因为它没有启动成本和每月的开支。瑞典电子商务提供商 Klarna 也大放异彩，它为在线商店提供支付服务。事实上，瑞典 40% 的电子商务交易已经使用 Klarna，该公司目前的估值超过 20 亿欧元（珊莉，2016）。

在劳动力市场，Doreming 提供了一个工资系统，让工人可以链接虚拟账户了解他们的日常收入。它同时适用于雇主和员工，既可以自动计算工资，也帮助员工更便利地获取信息。由于数以百万计的劳动者需要通过昂贵的信贷来维持生计，Doreming 使预算和资金管理变得更加高效。

支付金融科技也让跨境支付变得更加容易。引领这个市场的两个颠覆者是 Adyen 和 Azimo。Adyen 将金融转账服务外包给国际商户，为他们提供可以在任何地方接受支付的单一解决方案。它的端到端基础设施可以直接连接到维萨（Visa）、万事达卡（MasterCard）以及其他 250 种支付方式，该公司已经与脸书、Dropbox①、SoundCloud②、Spotify、优步、爱彼迎和奈飞等知名公司合作。Azimo 的数字网络具备从任何联网设备向 190 多个国家和地区进行国际汇款的能力。

苹果支付（Apple Pay）等更具颠覆性的技术，帮助银行业找准了在移动支付领域的发展方向，并因此成为金融基础设施的一部分。消费者迅速转向现金以外的支付方式，导致许多人认为传

---

① 一个提供同步本地文件的网络存储在线应用。——译者注

② 一款主打美国国外音乐等相关内容的分享平台。——译者注

统的现金支付方式可能会消亡。

谈论现金的消亡可能为时过早，但事实是，世界各地的银行客户都在寻求无须烦琐程序的快速转账方法。金融科技公司很大程度上填补了这方面的空白，贝宝和前面提到的 Venmo 等公司就是为客户提供能够通过银行账户别名转账服务的例子。此类服务为客户服务设定了新标准，决定能进入银行业市场的核心要素变成了服务质量，之前贯行的"机构为王"的指导原则被完全打破。

银行业以及金融科技公司为客户提供服务的方式发生了翻天覆地的变化，这一变化突出表现在年轻的 Zelle 公司在 2017 年的 2.47 亿笔交易中的交易额达到 750 亿美元，较 2016 年的交易量和交易金额分别增长 36% 和 45%（Finextra[①]，2018）。客户寻求金融服务的方式发生了巨大的变化，而银行不得不迎合客户的这些需求。然而，这个过程才刚刚开始。

最后，在支付领域，金融科技最容易与小额信贷和小额支付联系在一起，有几家公司已经在该领域非常受欢迎。近期更具创新性的例子之一是 Flattr，它允许用户通过点击数字内容旁边的 Flattr 按钮来创作数字内容。Flattr 帮助那些在创意产业工作的人获得收入，支持他们继续创造出绝妙的事物。

挑战者银行业是金融科技公司占据大规模市场份额的另一个

---

① 一家欧洲金融科技媒体。——译者注

领域。英国已经有大约 75 家挑战者银行在运营，这些新成立的金融机构主要以千禧一代和小企业为客户目标。这是大银行的短板，因为许多大银行并未主动迎合广大小企业的需求，事实上，他们经常忽略小企业的需求。

挑战者银行吸引了对传统银行失去信心并准备转向新兴企业的客户，它们通过全天候在线的数字界面，以更高的透明度、更低的费用、更高效的服务和卓越的用户体验来激励客户。

随着"零工经济"在未来的普及，金融科技公司可能会与非正式工人、自由职业者、独立承包商、早期科技企业家和小企业主的精神理念相融合。这些自由职业者已经占据了欧洲劳动力市场的一半左右，预计未来十年这部分社会群体规模将超过传统的受薪工作者。

埃森哲银行报告"星移：需要快速革命"的数据反映了金融科技公司在占领银行业市场方面的成功。这项研究表明，新的竞争对手已经瓜分了英国银行业市场 14% 的收入。埃森哲还指出，63% 的金融服务运营商 10 年前还未产生（埃森哲，2018）。这两个数据表明金融科技公司正成为主流银行业的重要参与者。

欧洲立法的进步有力地保障了这些新成立的银行合法经营，从而建立起诸如 Atom Bank、Tandem Bank、Monzo Bank 和 Starling Bank 等领先的挑战者银行，以及我们之前提到的 Revolut 和 N26。这些机构都获得了经营所需的金融牌照，而英国已成为这一新兴银行业的市场领导者。

应该指出的是，挑战者银行在向保守的美国市场扩张时遇到了一些问题。虽然 N26、Monzo 和 Revolut 一直在积极招聘美国员工，但这些公司进入美国市场的门槛和竞争壁垒非常高。另外，一些金融科技公司（如 Square、Klarna 和 TransferWise 等）已经在美国运营。当然，美国市场上有着众多成熟的金融科技参与者的事实表明，美国的金融科技十分活跃，并对这个庞大的经济体产生了深远的影响。

虽然部分人对金融科技公司能否成为全球主要的银行实体持怀疑态度，但商业史上充斥着各种看似不可能发生的变革，直到它们不可避免地发生。想想亚马逊、优步和爱彼迎，以及它们对各自行业的颠覆，这些行业都充斥着高度成熟的公司。传统银行当前可能并不感到恐慌，但它们无疑非常清楚金融科技公司所构成的威胁。

六、2012—2018 年的案例研究和成功案例

除上述提到的公司外，随着金融科技的广泛渗透和传播，过去几年还出现了一批特别成功的案例。在这里我们简要介绍五家最著名的金融科技公司——Square、Stripe、Kabbage、Credit Karma 和 TransferWise。

Square 取得了巨大的成功，它建立了多样化的金融服务网络。该公司通过销售一系列软件和硬件支付产品，将业务扩展到小微企业服务。Square 成功的秘诀在于它提供了一套强大和对用户友好的操作系统，然后迅速将其推向多个业务领域。

投资者非常认可 Square 的市场潜力，该公司的股价在 2018 年上涨了一倍多。2018 年 6 月，据美国商业新闻网站 Quartz 报道，Square 的市值已经超过了老牌金融公司纳斯达克和芝加哥期权交易所的市值总和（德特里克斯，2018）。

Stripe 是另一家在短时间内取得长足发展的直接支付公司。Stripe 成立于 2010 年，并迅速吸引了投资，甚至获得了贝宝创始人彼得·泰尔（Peter Thiel）的投资。Stripe 专注于移动互联网的安全支付，在成立后的 6 年内，其市值已达到 90 亿美元，到 2018 年 9 月 Stripe 的市值进一步攀升至 200 亿美元（巴里，2018）。

人们普遍认为，Stripe 之所以如此成功，是因为它没有直接的竞争对手。大多支付供应商都专注于开发满足特定商业需求的细分产品，例如支付网关、消费支付渠道或重复计费工具。Stripe 通过提供一篮子的解决方案，为客户整体数字战略奠定基础，从而从竞争中脱颖而出。研究表明，Stripe 独特的价值主张和战略目标能够引起客户的共鸣。

Kabbage 通过其独特的自动化借贷平台，将自己定位为小微企业和消费者的资金提供方。其成功的秘诀是帮助客户更便捷地获取资金，同时整合各种来源的数据，以便做出信贷决策。因此，Stripe 在对客户进行信用评分和授信时会综合考虑商业支票账户、亚马逊、Quickbooks^①、贝宝、Etsy^②、Xero^③、易贝（eBay）、Stripe 和 Sage^④ 等主体的数据来源，进行建模分析和风险评级。

该公司很快建立了良好的声誉，并于 2018 年入选福布斯金融科技 50 强企业（诺瓦克，2018）。Kabbage 还作为优秀的小企业贷款平台获得了 LendIt 行业奖（deBanked，2017）。该公司正在扩大业务规模，收购数据分析企业 Orchard，以提供更复杂的数据服务。通过这些方式，Kabbage 在行业中站稳了脚跟。

Credit Karma 成立于 2007 年，它成功开发了一个信贷和财务管理平台，供其客户免费使用。它的商业模式是通过附加在金融产品上的定向广告收入来实现赢利，当 Credit Karma 成功地将客户推荐给贷款人时，它也会从贷款人那里获得收益。

Credit Karma 提供各种有用的信用工具，为客户提供免费的信用报告，并竭力保障用户能够访问定期更新的数据。Credit Karma 还通过举办用户论坛、发布金融产品评论、提供金融计算器工具等手段来获客。当信用评分变得越来越重要的时候，Credit Karma 为企业和家庭用户提供了充分挖掘其信用潜力的有效解决方案。

---

① 美国直觉公司的当家产品，一款用于个人计算机的小型商务财务软件。——译者注

② 以手工艺成品买卖为主要特色的网络商店平台。——译者注

③ 大洋洲市场上最普及的云端会计软件之一，由新西兰一家软件公司开发，主要服务对象为中小企业。——译者注

④ 全球著名的管理软件解决方案供应商之一。——译者注

最后，TransferWise 是一家功能强大的汇款服务公司，在塔林、纽约和新加坡等不同国家和地区设有办事处。TransferWise 已在全球建立超过 750 条货币传输路线，支持英镑、美元、欧元、澳元和加元等货币。该公司每年帮助客户汇款的金额达到 500 亿美元。

TransferWise 使用创新系统来降低货币兑换的费用。该公司为汇款方和其他用户提供撮合服务，然后在银行间中间汇率的基础上收取少量佣金。TransferWise 还提供一种特殊的"无国界"账户，客户能够同时持有 40 多种货币，并在方便时进行兑换。

TransferWise 在 2017 年的估值已经达到 16 亿美元（切尔诺娃，2017），它在该领域提供了大量创新的产品，成功确立了自己作为颠覆性汇款服务商的地位。

七、小结

任何变革性技术的发展都要经历三个基本阶段。从最初的怀疑和不被看好，到开始被采用，最后逐渐成为流行。金融科技公司的成功似乎是不可避免的。我们无法想象没有它的世界！

同样，互联网的发展也经历了上述的过程。一些专家曾断言，互联网永远不会对商业产生任何影响。在英国广播公司（BBC）的一篇新闻报道中，一位受访者曾笑称电子商务甚至还不如电梯重要。还有无数的创新案例，一开始并不被人们看好，遇到了很大的阻力，但最后它们成功了！

金融科技公司目前处于第二阶段和第三阶段之间。虽然金融科技公司仍然受到一些消费者的怀疑，但它们已被市场广泛接受，开始在主流领域获得了成功，提升了其知名度。在未来的几年里，我们可以合理地期待金融科技公司能够克服剩余的困难，成为全球金融架构的核心组成部分。

第三章

早期的合作模式

　　我在写有关金融科技的文章时，最喜欢用到的两个词是"合作"和"伙伴关系"，虽然这听起来像"复读机"，但我仍然会一次又一次地使用类似的这些词来强调金融科技的未来。金融科技公司绝对不是在扰乱或摧毁银行业，它是为了在主流金融生态系统中找到一席之地，并以一种对各方都有价值的方式与大型金融机构和监管机构合作。然而，在进入这一阶段之前，金融科技公司早在 2012 年就开始试验早期的合作模式。

一、金融科技的威胁

　　在金融科技发展的早期，即 2010 年至 2013 年，金融科技初创企业对现有的银行体系构成了巨大威胁；然而，要想蚕食大型银行成熟、高利润的业务，还需要一些时间。英国的一些银行的服务对象是家族而非个人，一个家族的四五代人可能都在这些银行存过钱。根据 2018 年公布的数据显示，英国的"五大银行"（巴克莱银行、汇丰银行、劳埃德银行集团、苏格兰皇家银行和桑坦德银行）仍然占据了英国 80% 的零售市场（凯里，2018）。

　　值得一提的是，这些银行通过长期博弈，在多次经济下行周期中成功地经营产品和业务链，并得以稳固它们的市场地位。它们肯定不会满足于现有成绩，它们明白金融科技公司在未来几年会变得越来越重要。Gartner（2018）的研究表明，到 2030 年，80% 的金融公司要么倒闭，要么在这种新的竞争下变得无足轻重。尽管如此，我仍相信银行会继续存在，但不会是以我们今天看到的这种形式存在。

"一石激起千层浪"，这是一个对未来飞速变化的非常激进的预测，数字领域的发展史告诉我们，科技发展速度之快令人难以置信，人工智能和量子力学就是很好的例子。

在这种背景下，如果传统银行不能适应环境，而是继续依赖传统的业务和运营模式，那它们将面临巨大的风险。这意味着，传统金融机构的工作重心必须转变，至少应该多样化：从单纯获利的模式，转向提高效率、创新和数字服务。能够充分利用低成本的数字基础设施（通常具有提供中间服务的潜力）的银行将在这种环境中快速发展，而其他反应不那么敏捷的银行则会步入困境。

还应该指出的是，数字转型的速度和性质将在很大程度上取决于监管环境。当我们谈到数字转型时，尽管我们生活在一个全球化的世界，但所有国家不会保持一致，立法将影响数字社会在不同国家的发展方式，在较保守的国家可能会发展迟滞，而澳大利亚、巴西、中国、印度、新加坡和英国等国家则可能会率先引领数字经济的发展。

二、失去客户

银行也许真正担心的是金融科技公司撬走它们的客户，随着银行的开放，我们可以看到一种正在形成的环境——传统金融机构不再声称自己拥有客户数据的唯一所有权，这将导致市场更加自由化，金融科技公司更有可能抢走传统银行大量业务。

英格兰银行（BoE）指出，英国银行业低估了金融科技公司的潜力，它们只是在一定程度上将其视为一种"威胁"。路透社在 2017 年 11 月对此进行了报道：英国央行的一项研究发现，"英国的银行可能夸大了他们阻止金融科技公司撬走客户和蚕食利润的能力"（琼斯，2017）。《每日电讯报》（*Daily Telegraph*）报道：英国央行行长马克·卡尼（Mark Carney）当时评论称，金融科技公司可能会破坏"现有银行资金的稳定性"，甚至迫使央行和英国经济管理层"确保受影响银行的审慎标准和解决机制足以应对这些风险"（波顿，2017）。

尽管如此，对于金融科技公司对银行体系的威胁程度，人们目前还没有一个全面的认知。但人们普遍认为，在不久的将来，金融科技将更受零售行业的青睐，零售行业有望从银行业这块蛋糕中分一杯羹，当考虑到信任缺失已经打破了金融行业的固有形象时，这种氛围就变得愈加诡异。人们还信任传统银行吗？如果说人们完全不相信，那也不对，因为大多数人仍然在最大的零售银行开设账户，但金融科技公司凭借其透明的定价和简单的交互，使得消费者对传统银行的顾虑持续增长。

这种程度很难衡量，对于金融科技在过去 10 年实现的市场渗透水平，存在相互矛盾的数据和看法。咨询公司埃森哲的一份报告（2018 年）显示，新的银行市场进入者，包括挑战者银行、非银行支付机构和科技公司，已经获得了欧洲利基市场（即被市场中有绝对优势企业忽略的某些细分市场）新收入的三分之一。尽管这仍然意味着，其他通常更为传统的收入来源占新增银行业务的三分之二，但这三分之一确实是在相对较短的时间内取得的一个显著成绩。

不过这种现象在很大程度上取决于地理位置。例如，在英国，金融科技公司的收入已经占据了银行和支付总收入的14%，而美国的情况则大不相同（Irrera，2018）。然而，由于消费者对大型银行缺乏信任和持续失望，一些地区性社区银行的客户数量出现了激增。

数据显示，欧洲20%的银行业竞争对手是新进入者，这些初创企业占据了整体市场的7%（Bambrough，2018）。

在加拿大，新进入者只占据了2%的市场份额，人们显然渴望改变，或许他们已经意识到这种改变是不可避免的。这反映在一个事实上：在加拿大运营的银行利基领域，有47%的金融机构是新进入者（埃森哲，2018）。虽然这些更现代化的公司可能没有取得大的成绩，但这种情况似乎很快就会改变。

数据表明，大型银行确实担心客户被金融科技公司抢走，甚至可能在某种程度上接受了这一不可避免的事实。虽然一些全球金融界最知名的公司不会毫无痕迹地下沉，也不会不战而退，但是在一个多元化、自由化和更具挑战性的市场中，它们的霸权地位将不可避免地受到冲击。2008年的金融危机导致"大坝决堤"，现在已经没有办法堵住漏洞了。

当我们谈论金融科技革命时，我们总是会想到一个词——敏捷。金融科技公司、金融初创企业和挑战者银行能够吸引并抓住客户的最引人注目的方式是让注册、贷款和获取服务变得更快、更容易和更灵活。这就迫使传统银行进行调整，而我们似乎不会将这一现象与大型银行联系起来。大型银行习惯于被当作资金保管人，它们对不断变化的市场反应迟缓是出了名的。

自全球金融危机成为媒体谈论的焦点以来，金融科技企业有足够的时间"跑马圈地"，传统银行业现在发现自己面临着前所未有的竞争强度和被颠覆的威胁。极度的恐惧笼罩着各大型传统银行，现在他们已经非常清楚地认识到这一权力加速转移的现实。

我们也可以预测，我们很快会在新兴市场看到这一现象，尤其是非常重视科技的印度。印度政府在 2016 年宣布了一项去货币计划，这不仅使特定的纸币从公共领域消失，还造成了经济的混乱（穆克吉，2017）。在这种充满机遇的环境下，新的数字支付系统开始建立起来。

事实证明，对一些全球最大的金融机构来说，这种便利才是真正的挑战。

三、向金融科技学习

受此影响，银行开始向金融科技企业学习，并试图学习一些它们的模式、产品和经验就显得不足为奇了。因此，为了进入日益活跃的金融科技利基市场，银行正在制定战略，其中特别包括类似于风险投资的项目，以及大量的孵化器和加速器项目。

如果说银行在这一领域的早期努力是想"脱了鞋试试水"，那么在最近的动作中，一些大型银行则更致力于直接"跳到水里"，加入金融科技的大潮流。它们甚至还设立了创新中心，用来学习、吸收和创造新观点和新概念，为自己的业务和工作能力赋能。

大型银行对金融科技企业运营模式，特别是金融科技将如何影响金融行业的兴趣大大增加。此外，银行也同样试图了解它们在哪些方面比金融科技有优势，以及它们可能在哪些方面提供合作或者共同参与和互惠互利。

银行正在一改自己之前的惶恐心态，而采取一种更谨慎的心态来迎接数字变革，并且通过实施数字革命固有的新技术来评估如何着手，在哪个环节入手以及如何提高业务能力。

事实上，银行可以从基础开始学习与金融科技相关的技术模式，特别是该领域许多初创企业所涉及的精益技术和它们已经在用的敏捷高效的工作方法。传统的银行和金融机构在工作模式和方法上墨守成规，被过时的架构和流程所拖累，总显得过于迟缓和笨重，因此这些纵横江湖多年的"庞然大物"正寻求通过金融科技来实现现代化的方法。

然而，越来越明晰的是，如果新的金融科技解决方案要真正成为主流和变革性的方案，那么一些关键的问题必须处理。例如，跨境支付中广泛的交易需要一个坚实的基础才能成功，这就需要有大数量的消费者群体、建立共同的标准和做法，以及监管机构必须对其表现和发展感到满意。没错，每一个都必须共生发展。

考虑到实现这一目标所需要的合作，银行越来越重视与金融科技企业的合作。传统银行和金融科技初创企业正在合作，以推动实现更好的标准化、互操作性和更紧密的计划、工作和创新。这是短时间内的又一次快速变化，因为就在几年前，花旗集团全球消费者银行业务首席执行官斯蒂芬·贝尔德（Stephen Bird）还在谈论金融服务中的数字创新者对零售银行传统业务模式构成的重大威胁（Pymts，2018）。很明显，之前的"冰霜"在逐渐融化。

这不是单向的关系。毫无疑问，银行的一些项目可以让金融科技企业受益，因此，该领域的初创企业也同样愿意达成合作。尽管我们谈到了人们对现有金融机构的信任衰退，但事实仍然是，在过去几十年甚至几个世纪里，传统银行在这个行业仍拥有一定的声望。事实上，几乎所有公民都有定期的银行账户，这为传统银行提供了巨大的实质性的竞争优势和庞大的客户基础。

这就是为什么金融科技企业准备与大型银行合作，并帮助它们进行技术改造，这将是它们未来繁荣的核心。支付系统无疑是一项规模业务、风险业务和"信任"业务，在这方面，许多初创企业可以利用传统银行的声望受益。毫无疑问，数字经济需要时间来树立大型银行在其生命周期中所积累的永久形象，这意味着合作是有意义的，即使对于最成功和最具创新性的金融科技企业也是如此。

同样，如果银行要挖掘数字革命的潜力，它们必须设计和实现具有安全性、创新性、灵活性、技术和技能以及所有容易与金融科技联系在一起的品质产品。合作使双方保持平衡，并都能从对方那里得到一些东西，这意味着合作已经变得比以前更加普遍。

体现这种合作精神的一个例子是西班牙对外银行（BBVA）。西班牙对外银行客户解决方案全球主管德里克·怀特（Derek White）在《财富 20/20 亚洲》（*Money 20/20 Asia*）杂志上就金融银行业务关系发表评论，称这是"生活在紧密实体联系中的两个不同有机体之间的互动，通常对双方都有利"（西班牙对外银行，2018）。这是它们"双方"都开始意识到的征兆。

《2018 年世界金融科技报告》（*World Fintech Report 2018*）表明，初创企业已经在改善金融服务中的客户服务方面发挥了重要作用，它们满足了消费者对简单性、可访问性和个性化等所有至关重要的需求，这些需求已成为定义服务品质的要素（Capgemini，2018）。该报告显示，金融科技企业已经在很大程度上成功实现了重新定义银行市场的核心目标。但是他们仍然面临一个重大问题。

银行客户对金融科技企业的品牌认知度还没有达到金融科技企业与最大的商业零售银行建立联系的那种程度。在某些行业，这并不是一个大问题。然而，对银行业来说，品牌认知度至关重要（事实上，在银行业以外的许多其他行业，某种形式的品牌认知度对成功亦至关重要）。传统零售银行花了数十亿美元在公众心中根植了这样一种观念：银行是受人尊敬的机构，这就像一些自然景观一样永恒，是一个事实。尽管存在媒体有负面报道、客户提出的问题繁多和费用高昂等现象，但这种品牌形象和信任水平不会很快消失。

因此，《2018 年世界金融科技报告》的结论是：将私有的投资和储蓄存入这些新兴银行时，客户实际上仍然难以有很高的信任度。传统金融机构拥有与银行业相关的一些最重要的基础，如风险管理、监管经验、获得资本的途径、政府和立法等官方的支持。

从另一个角度来说，金融科技公司有潜力解决金融行业内的许多问题。金融消费者已经习惯了低标准的客户服务，并且容忍可能还潜伏着其他不那么明显的问题，银行往往不会特别高效或直观地利用大数据，而且它们也会因为未能接触到社会中代表性不足和处境不利的成员感到内疚。

金融科技确实有希望给银行业带来一场革命，但如果仅仅是让所有人都能获得服务，并得到比以往更多的尊重，这一点恐怕会令人遗憾。这种自由化、民主化和尊严化对银行业的影响可能是破坏性的，因为银行业在这方面已经取得了相当的成熟度。

而这一过程只会因为金融科技而被放大，金融科技可以接触到世界上没有银行的地区的人们，并改变他们的生活，例如叙利亚和约旦的分布式账本技术系统由一家名为 Building Blocks[①] 的初创公司开发，在世界粮食计划署的支持下，该公司使因战争而颠沛流离的难民能够使用无现金交易为他们流离失所的家人购买急需的商品，包括食物。

显然，金融科技革命具有巨大的变革潜力。

四、银行加速计划

期冀与金融科技企业合作的银行最早启动合作模式的目的是观察和学习它们的方法，大多数加速计划是由银行在 2010 年至 2016 年启动的，主要是为它们提供小额天使投资，但实际上是想通过观察金融科技企业的产品、文化、流程和团队管理风格来推动自己创新。

巴克莱加速器（Barclays Accelerator）是早期金融科技加速器的一个很好的例子，它于 2012 年推出，在纽约、伦敦、开普敦和特拉维夫都有项目，该加速器由科技之星（TechStars）提供支持，致力于从巴克莱银行高管那里获取人脉和指导，并提供高达 12 万美元的投资作为与其他企业合作的福利（Nair，2019）。这一加速器已经受到金融科技竞争对手的欢迎，并在该领域取得了巨大的成就。

---

① 联合国世界粮食计划署推出的一项基于以太坊区块链的项目。——译者注

大约在此期间启动加速计划的其他银行包括：

- 富国银行，2014 年

- 北欧联合银行，2015 年

- 花旗银行，2013 年

- 瑞士联合银行 + 瑞士信贷，2016 年

- 法国巴黎银行，2015 年

- 摩根大通，2015 年

- 新加坡星展银行，2015 年

- 西班牙对外银行，2014 年

位于伦敦第一加拿大广场第 39 层的 Level39，是早在 2012 年就启动的为数不多的金融科技非银行孵化器、加速器项目，现在其已经成为市场领导者，宣称自己是欧洲最大的面向金融、零售、网络安全及期货的科技加速器。Level39 由金丝雀码头集团（Canary Wharf Group）运营，最初的理念是为金融科技初创企业提供创新空间，如今它已发展成为一个 3 层、占地 8 万平方英尺（约 1.83 万平方米）的加速器空间，与世界各地的银行和全球金融中心建立起了紧密的联系。Level39 已经参与了 1200 多个活动，吸引了超过 10 万名游客，毫无疑问，它已经成为访问伦敦的全球主要金融机构的宠儿（金丝雀码头，2016）。

五、种子资金和早期投资

在过去十多年的时间里，金融科技企业首次尝试参与到金融

活动中时取得了很多成就，但它们面临早期融资的挑战：大多数初创企业花两三年时间才开始赚取固定收入（经过几次试验），并开始关注风险投资或后期资金。许多政府项目在最初几年的金融科技资金并不到位，因此它们不得不从当时对它们感兴趣的银行和大型金融机构那里寻求支持。一些早期的基金就通过天使投资和种子投资来支持这个快速增长的行业。

2014 年，巴克莱的加速器项目专注于投资贷款、支付、大数据、现金管理、合规和众筹等领域的金融科技初创企业，而富国银行的加速器项目则围绕特定用途领域，投资于用户体验、大数据和网络安全。

2015 年，巴克莱的加速器项目投资了证券、经纪、加密货币和游戏化等更多领域，而摩根大通的加速器项目投资了贷款、大数据和个人理财等预期细分领域。法国巴黎银行后来也推出了自己的加速器项目，以新兴的支付和证券业务为特色。

有趣的是，对游戏化和汇款等高度细分领域的利基市场数量和兴趣只出现在大多数加速器项目的第二次或第三次迭代中。贷款、支付和大数据似乎贯穿于所有的加速器项目。

彻底收购是罕见的，但最早的一个例子是西班牙对外银行在美国收购 Simple 公司。Simple 公司于 2009 年由一群技术专家在布鲁克林创立，直销银行很快就通过天使投资人杰里·诺伊曼筹集到了种子资本。Simple 公司当时已经证明了其理念的可行性，于是大量资金开始涌入；2011 年 8 月，Simple 公司筹集了 1 000万美元的种子资本，投资者包括 IA Ventures 风投公司、Shasta

Ventures 风投公司和另外 500 家初创企业。在这个时候，Simple 公司也选择了搬到俄勒冈州的波特兰市（Rogoway，2011）。

2013 年年初，该公司已经吸引了 2 万名客户，交易额突破了 2 亿美元，这个数字在短短几个月内翻了一番，客户量达到了 4 万。但可以说，Simple 公司最大的成就是引起了西班牙对外银行的注意，并于 2014 年 2 月被其收购。当时，该公司的估值已经达到 1.17 亿美元，此后一直在持续扩大业务。Simple 公司被整合到西班牙对外银行，为某些美国市场的客户提供前端服务。

银行在早期金融科技领域的其他收购案例包括：2016 年西班牙对外银行收购芬兰 Holvi 数字银行、高盛收购 Honest Dollar、联合金融公司（Ally Financial）收购 TradeKing 和 2015 年贝莱德收购 Future Advisor。那段时间，传统银行推动行业飞速成长。

六、美国银行与欧洲银行

从 2010 年到 2016 年，美国和欧洲引领了金融科技的早期创新，但最明显的对比是，欧洲对金融科技革命的热情要高得多。这两个区域的公司对金融科技的投资方式也有很大不同。

欧洲早期对金融科技的投资通常集中在挑战者银行和 P2P 贷款上，而美国却不同：由于监管缺乏开放性，以及受一些已经在美国建立起来的规模型的传统零售和投资引擎的影响，在那段时期挑战者银行在美国市场立足更为困难，但美国在数字前端个人财务管理、在线交易和支付系统方面已经出现了非常大的投资。

高盛、花旗银行和摩根大通在金融科技领域尤为活跃，而摩根士丹利、富国银行和美国银行正在筹划多元化的金融科技投资组合，涉及会计和税务、自动化软件、区块链、数据分析、保险、个人理财、智能投顾/财富管理、资本市场、贷款、支付和结算、房地产、监管技术和供应链等细分领域。

除了挑战者银行，欧洲金融科技投资往往专注于数据分析、区块链、汇款和借贷、普惠金融以及监管技术。在金融科技投资方面，美国和欧洲有部分相似之处，但他们的战略也存在明显的不同。

2013 年，全球对金融科技的投资已经达到 30 亿美元，一些新的消费者行为、技术和监管越来越有利于创新。伦敦和硅谷成为金融科技创新和投资的特定中心，英国和爱尔兰的金融科技交易量占欧洲一半以上，并吸引了欧洲大陆近 70% 的金融科技融资（CB Insights，2014）。

截至 2014 年，Kabbage、Klarna、Square、Funding Circle、Stripe、Coinbase、Nutmeg、eToro 和 SigFig 等科技公司都稳坐金融科技行业 50 强的宝座，而且它们的估值和退出规模都达到了数百万美元（其中一些公司的估值甚至高达数十亿美元）。

2015 年，美国银行向金融科技领域投资了 60 亿美元，而对比整个欧洲只投资了 7 亿美元，尽管近年来欧洲的这一数额大幅提高，但硅谷仍然是全球支付和贷款业务的主要投资者。

与此同时，硅谷提供了全球近三分之一的金融科技融资，这有助于解释为什么一些早期投资者是大型科技公司。谷歌、亚马逊和阿里巴巴都是金融科技创新和投资的领头人。近年来，这种趋势还在继续，国际商业机器公司（IBM）收购了全球风险管理和合规咨询公司海角金融集团（Promontory Financial Group），可能对其人工智能计划的实施意义非凡。

与此同时，一个重要的里程碑事件是 2013 年中国平安、腾讯和阿里巴巴联合创立了中国第一家真正的数字化保险公司——众安保险。对金融科技行业来说，这种跨行业的合作影响巨大，因为它表明方法技能的交叉传授和共同合作是可以实现的。众安保险的在线保险产品已经吸引了超过 3.5 亿客户，表明新兴市场也在热情拥抱金融科技（麦肯锡，2018）。

七、卖给银行

从随后的市场状况可以清楚地看出，与风投资本相比，银行对金融科技初创企业的投资速度要快得多。然而，金融科技初创企业在向银行销售产品方面未必成功；相反，大众市场却更容易接受其产品。

这种割裂现象很有趣且值得讨论。有几个可能的原因可以解释这一现象，这里我能想到最重要的三个问题：

银行投资金融科技公司是银行采取的一种防御措施，而忽略了其发展潜力从而没有立即对其整合吗？

银行在金融科技的哪些领域进行了更多的投资？在哪些领域

进行了观察和学习以及让金融科技公司做基础工作？

除了监管的原因，银行是否愿意开放自己的系统，与金融科技公司合作？

可以说，近年来银行确实对金融科技进行了频繁的投资，贷款、支付、大数据和分析是其主要关注的领域。因此出现了三个早期的合作模型：加速器项目为银行提供了基本的"观察和学习"模板，以观察金融科技如何在好的有利环境中发展；应用程序接口使银行和金融科技公司能够在技术方面进行合作；银行也越来越多地进行投资，因为它们发现了值得收购的金融科技公司。

孵化器项目也非常有价值，为最重要的金融科技初创企业的诞生助力。银行也并不总是单纯为了赢利或是纯粹提供帮助，而是考虑到这能帮助银行探索和学习最新的技术，从而掌控当前市场状况。西班牙对外银行筹办的优秀创业者总决赛等赛事造就了无数革命性的公司。例如，EverLedger 和 Origin 作为成功者都受到银行的热烈追捧，EverLedger 利用区块链打击欺诈，使金融科技领域两个最热门的行业结合起来，Origin 为公司债券发行提供了市场。

这表明，银行正在利用金融科技公司的专业知识来填补其投资组合和知识基础的空白。开放式银行体系和应用程序接口的可用性在这方面尤为突出，这里有几个有趣的例子：个性化关系科技公司 Tryum 在巴克莱银行的帮助下获得 Pingit 支付系统，而手机银行应用 Namu 则在花旗银行的帮助下获得前端应用程序接口，两家公司都是利用各自的孵化项目完成这些项目的。它们都与银行密切合作，以一种原本不可能的速度进行创新，并开发出立即吸引金融服务行业的解决方案。

随着金融科技的持续发展，银行将持续大力投资金融科技初创企业，这可以迅速帮助改善其产品、运营和客户服务。游戏化战略将是提高用户互动性的最特殊的方法之一，它有助于实现以用户为中心的理念并提升用户满意度。随着传统银行面临挑战者银行日益增强的威胁，以及来自其他商业模式的竞争，这种以用户为中心的改进模式所带来的客户依赖将是至关重要的。

银行还将建立更广泛的客户接触点，使客户有更多的机会作为其关系的一部分进行互动。随着该领域的发展，银行越来越多地提供汇款、货币转账、P2P 贷款和税务咨询服务等业务。与此同时，客户咨询服务将严重依赖数据和分析以及人工智能，同时在应用程序层面也将变得更加直观。我在与各种规模的传统银行的交谈中了解到，未来几年，安全也将不可避免地成为金融科技公司和银行合作的一个日益关注的领域。

银行的投资有短期投资和长期投资，也有战术投资和未来投资。如今，银行和风投资本正在采取不同的策略，这是因为没有一条能适应所有情况的投资之路。银行在金融科技利基市场的举措表明，他们相信这项技术的未来，但事实上金融科技仍在不断发展，这意味着，银行更愿意退居幕后来帮助金融技术公司发展，而不是放弃投资。

八、小结

与科技类公司相比，银行接受金融科技革命的速度要慢得多，但我们已经看到，这股潮流已经发生了相当大的转变。毫无疑问，银行已经将金融科技视为对其业务模式乃至生存的威胁。从银行的角度来看，它们已经实现了高利润并拥有一系列完善的业务规范、营业模式和创收技术，那么为什么还需要改变呢？在这方面，大型银行一开始很可能总是带着怀疑的眼光来看金融科技公司，而且往往充满了赤裸裸的敌意。

然而，随着时间的推移，一切尘埃落定，取而代之的是一种合作的氛围。但是这种合作进展并不那么快，可能是由于大型金融机构过于保守而金融科技公司过于年轻。事实上，成熟的科技类公司在金融科技革命初期更热衷于支持和拥抱这场革命。

现在有很多事实可以表明，银行和金融科技公司正在进行建设性的合作。在未来几年，金融科技领域的公司规模将显著增长，我们预计随着这一年轻但迅速发展的关系进入一个令双方都更舒适的阶段，这种合作将持续增长。

第四章

金融科技生态系统的延伸

　　我喜欢把早期金融科技之后的几年，也就是 2016 年后的阶段，称为"金融科技 2.0"。在这个阶段，我们开始看到一个成熟的市场，投资规模和金融科技初创企业数量稳步增长，最重要的是，金融科技生态系统各方之间的合作已有所增加并得以改善。随着大型银行和金融科技初创企业合作的日益频繁，我们得以见证整个金融科技平台的延伸。咨询公司、软件供应商、高校和研究机构以及该领域专家等正在与银行和金融科技初创企业合作，以进一步推动创新。在过去的几年里，金融科技已经成为金融服务行业的一个显著增长领域，并且随着它的不断成熟和延伸，它将变得越来越重要。

一、合作模式的演化

　　许多银行和金融科技企业现在已经成为合作伙伴，这与双方最初的预想并不一致。银行逐渐地不再将金融科技企业视为竞争对手，而是开始认识到，它们可以通过顺应金融科技革命的浪潮来提升自己的整体业务水平。金融科技初创企业，甚至传统金融服务企业也同样意识到，想要改变银行体系可能是一个缓慢而又艰巨的过程。金融科技并不一定是一个快速发展的行业，因此，新兴金融科技公司寻求与传统银行合作是有意义的。

它们合作的核心在于金融科技企业有能力将许多传统银行的服务拆分为一种新的金融服务方式，即围绕着改进客户的体验和为客户服务。传统银行的服务在客户体验方面有许多弊病，许多金融科技企业从开始就致力于解决这个问题。银行也自然会学习金融科技企业的运营优势，例如更低的成本、无遗留系统的低负担、新兴且熟练的技术，以及为客户服务并愿意承担风险的企业文化。

2016 年前后，银行逐渐意识到金融科技企业的运营模式对整个金融行业来说是可持续的，同时从商业角度来讲也是必要的。澳新银行（ANZ，按资本总额计算，澳新银行是澳大利亚第三大银行）的首席执行官评论说，金融科技是"那些不能迅速适应潮流以及领导者墨守成规或者看不到客户价值的银行的终结者"（巴耶克沃斯基，2018）。因此，随着银行逐渐认识到金融科技存在的必要性，近年来银行与金融科技公司建立起了许多合作关系。

金融科技领域的合作可以采取多种形式，因此有必要讨论一些更为常见的合作模式。第一种常见的合作模式是金融科技企业直接向银行客户销售产品，银行可以从中受益，因为在推出新的产品和服务的同时，银行所投入的时间、精力和金钱成本相对较少，另外银行还可以立即弄清楚客户是否喜欢这项服务，从而可以快速做出反应并决定是继续保持下去还是选择退出。

本书认为金融科技企业同时获得了新的客户和利润，它们的品牌认知度会得到显著提高；另外，金融科技企业能获得市场洞察力，并且与一家拥有高信誉度的银行绑定在一起，自然也会提高自身的信誉度。这是一种非常流行的合作模式，因为对任何一方来说都几乎没有风险。这种合作方式的一个好的例子是苏格兰皇家银行与融资圈（Funding Circle）合作为中小企业提供贷款（融资圈，2015）。

第二种常见的合作模式是银行以供应商的身份与金融科技企业进行合作，可以被称为卫星模式。通过整合金融科技企业的能力与银行现有的产品，可以产生新的功能。如果银行提供服务，那么这些数据就会有效地呈现给客户，但这是真正意义的合作。事实上，金融科技企业的贡献通常在条款中可以体现出来。

银行可以在支出相对较少的情况下取消合作。通常合作银行也会对金融科技企业进行投资，这种合作模式对金融科技企业的有利之处在于，其不一定是排他性的，而是还有与其他银行合作的可能。这种模式已经在瑞典虚拟银行应用叮当（Tink）与瑞典北欧斯安银行（SEB）、荷兰银行（ABN Amro）和巴黎富通银行（Paribas Fortis）建立的合作关系中得到了应用。

第三种合作模式是银行收购金融科技企业之后，授权其仍以相对独立的方式运营。对金融科技行业来说，相关企业获得了融资，那它们的商业模式也得到了间接认可。银行可以调查一个潜在的业务领域，而不会因为合作问题而遭受任何不利影响。银行获得强大的市场行情并确保数据专属权，而金融科技企业则更容易留住现有员工，这些员工往往更喜欢在较小的公司工作，而不是在一家大银行工作。

银行在这种模式的投资中确实承担了更多的金融风险，但这并没有阻止一些银行去冒险尝试。

此外，银行与金融科技企业之间最传统的合作模式是并购，金融科技企业将被完全整合，并因此重新命名。在这种模式下，金融科技企业绝没有独立性，且实际上已经不复存在。然而，其收益可能是巨大的，银行通过获得某种技术并有效地将其转化为自己的技术而获益。在未来的几年里，我们将看到更多此类合作模式的例子，最近值得注意的此类别并购是高盛的消费者银行马库斯（Marcus）收购 Final① 公司。

随着金融科技的持续发展，很明显金融科技企业不一定要去颠覆或者合作之间做简单选择。相反，金融科技企业有潜力填补银行服务产品的空白，并帮助它们提供更优质、更创新的客户体验，这明显更具包容性。

二、银行加速计划的突破

2018 年 1 月，世界经济论坛（World Economic Forum）发布了《互联网企业和企业之间的合作：相互理解的实用指南》（*Collaboration between start-ups and corporates: a practical guide for mutual understanding*），研究了企业和金融科技初创企业之间的合作过

---

① 一家试图革新信用卡技术的初创公司。——译者注

程。该论文解释了为什么合作过程需要一段时间才能推进，银行和金融科技企业在合作中将如何运作有自己的计划；然而，这些想法不一定现实。世界经济论坛（2018）建议，初创企业需要更好地理解企业结构和激励机制，而参与合作者需要避免将初创企业视为创新或免费咨询的来源，这最终会分散它们的核心业务。论坛的结论是，相互理解取决于双方都能认识到在开展合作时对方面临的风险和分歧。

摩根大通全球技术战略和伙伴关系董事、总经理亚当·卡森（Adam Carson）就银行和金融科技企业合作的理想运作方式发表了看法。卡森认为，银行等大公司通常希望看到实在的成效，证明商业模式正在发挥作用，产品正在有效地交到客户手中，然后才会考虑合作是否可行，而不会先去承诺做什么。卡森特别指出，大型银行事实上会沉迷于未经验证的产品或战略（摩根大通，2018）。

考虑到这一点，银行现在通常希望在与互联网企业接触之前就看到真正实用的商业案例。实际情况是，随着金融科技的成熟，竞争变得更加激烈。与任何领域一样，这意味着只有出色的金融科技运营案例才会吸引银行合作。随着金融科技未来方向变得更加明确，银行对什么可行什么不可行有了更深的理解，并且将在未来几年变得更加成熟。

但当新的商业模式适时可行时，银行肯定会毫不犹豫地与金融科技企业合作。

云通信平台 Symphony Communications 就是这样一个例子。

该公司的安全消息的替代计划得到了高盛的支持。2014 年 10 月，高盛与其他 14 家金融机构一起，向其投资 6 600 万美元并收购了一个提供端到端加密消息的安全即时通信服务公司 Perzo（米勒，2015）。

另一个很好的例子是为美国学生提供贷款的平台 CommonBond 得到美国尼尔网（NelNet）的投资。根据计划，尼尔网同意为 CommonBond 提供价值 1.5 亿美元的年度贷款。此次合作最初于 2015 年 2 月宣布，标志着公共金融服务公司首次投资学生贷款市场公司（CommonBond，2015）。

美国数字贷款平台 BlendLabs 是一家新兴金融科技企业，已经成功吸引了银行和金融机构的帮助和支持。BlendLabs 目前正与富国银行和美国合众银行（US Bancorp）等公司密切合作，以改进抵押贷款的发放软件。

美国另一数字贷款平台 LendingClub 与几家银行合作，使银行能够购买贷款，并向客户提供新的产品。LendingClub 于 2014 年开始与银行合作，如今其在自家网站上自豪地宣布，它已成功与 54 家银行建立合作伙伴关系。这些银行总资产从不足 1 亿美元到超过 1000 亿美元不等，银行占该公司投资基础的最大份额为 45%（LendingClub，2019）。

西班牙对外银行在金融科技领域也非常活跃，其品牌子公司指南针（BBVA Compass）已经开始介绍那些不太可能有资格获得贷款的客户到其金融科技合作企业在线小微企业贷款平台 OnDeck 那里去。BBVA Compass 也与美国第三方支付公司 Dwolla

合作，通过 Dwolla 推出了实时支付功能。Dwolla 还使用保真同步软件（FiSync）来启用令牌化的安全身份验证，确保 BBVA Compass 账户持有人不需要与 Dwolla 共享他们的账户信息。

这只是冰山一角。印度商业银行（Yes Bank）与印度网购平台 Flipkart 就美国合众国际（UPI）的交易建立了重要的合作伙伴关系，这两家公司公开向客户提供自己的产品。印度商业银行还与印度数字支付平台 PhonePe 合作，通过这项合作创建了超过 3 000 万客户（巴克塔，2018）。数字小贷公司 Tez 和 WhatsApp 支付也试图在这个市场上大赚一笔，金融科技提供商莫文（Moven）与世界各地许多银行进行合作。在这种环境下，82% 的银行、保险公司和资产管理公司都打算增加与金融科技企业的合作项目（普华永道，2017）。

一个例子是英国金融科技企业 Nivaura，一家专注于自动化金融工具发行和流程管理的金融科技企业，该公司在 2019 年 3 月筹集了 2000 万英镑的种子资金，几家知名企业参与了投资（伦敦商业报纸，2019）。随着金融科技利基市场的发展，机构投资者对该行业的潜力有了更好的理解，目前注入众多金融科技初创企业的资金规模足以证明这一点。

三、"黑客马拉松"和对技术的关注

随着银行加速计划变得越来越普遍，并广泛分布在金融科技的所有领域，银行感受到了压力，需要为业务部门面临的特定问题寻找解决方案。创新团队在这种寻找解决方案的实践中用来支持业务部门的方式之一即"黑客马拉松"。本书认为，基于银行内部真实用例的黑客马拉松在带来有形成果和重大合作方面，比不针对特定用例的孵化器或加速器项目更有效。随着银行希望加快在金融科技领域的技术和金融投资，越来越多的黑客马拉松应运而生，银行、咨询公司和 IBM 等供应商在高校、开发团队和测试社区的帮助下定期举办黑客马拉松。这些充满活力的技术专家的聚力对金融科技的未来至关重要，这将推动进一步的合作和成果。

"恐龙碎片整理"（Defrag the Dinosaur，意为消除大型机构冗杂、低效和落后的机制）是一种黑客马拉松活动，将开发人员、设计师、数据科学家和分析专家聚集在一起。它的组织者呼吁创新参与者"寻找、捕捉、整理、反思和重建银行系统的弊病"。48 小时的编码工作，超过 15 000 欧元的奖金和主要的招聘机会，对有才华的信息技术（IT）专家来说，"恐龙碎片整理"是一个令人兴奋的机会（Hackathon.com，2019a）。

Hackgrid 是一个长达 36 小时的大型项目，参与者们可以在其中考虑应用于现实问题的创新解决方案。金融科技是本次活动的核心，自成立以来，Hackgrid 已经托管了超过 1 000 名开发人员（Hackathon.com，2019b）。

黑客马拉松的另一个例子是 Hack it Together，该活动旨在吸引该领域的优秀女性。Hack It Together 发布于纽约，为参与者提供了一个与金融科技领域的银行和公司建立联系的机会。组织者鼓励在技术领域有才华的女性组成"黑客"团队，并在晚会结束时展示各自创建的精彩项目。

WhatTheHack 是欧洲著名的学生黑客马拉松之一，而 SmallBizHack 则是针对初创小企业的黑客马拉松比赛。我们还可以举出几十个其他的例子，因为黑客马拉松这个词很热，确实为银行、金融科技和对金融世界感兴趣的 IT 专业人士提供了价值。

黑客马拉松案例研究
——星展银行

银行面临着来自金融科技企业和其他非金融公司的激烈竞争，这要求它们重新设计流程，通过充分利用新技术来保持竞争力。星展银行发起的全球黑客马拉松是解决两个共同挑战的创新案例：招聘和解决问题的新产品开发。星展银行通过协作引入了高质量人才，在不改变核心代码的情况下，彻底改变了产品开发过程，使其易于集成到系统中，星展银行与高校、金融科技企业和技术供应商合作，为产品研发创造了一个合适的生态系统。星展银行推出了技术举措，使得银行业务进入客户的日常生活，其最大的银行 API 平台使其与政府机构、金融科技企业、新兴公司和中小企业客户的合作成为可能。其推出世界上第一个校园内可穿戴储蓄和支付技术项目——POSB 智能伙伴（POSB Smart Buddy，目前多用于儿童智能手表），以及在印度和印度尼西亚可以使用的移动银行——Digibank。星展银行还说明了人力资源在帮助银行执行其优先事项方面的关键作用，一些职业发展项目被引入跨多个市场的"未来保障"员工中，使他们能够适应技术动力的变革，它采用了公开透明、充满竞争的独特的招聘流程，没有进行额外的投资，也没有实行雇用合作关系。

星展银行从开创性的全球黑客马拉松开始，为当今精通数字应用的客户创新尖端服务，实现全天候联网（24/7 connected），并吸引来自世界各地的开发人才来解决银行问题。与亚马逊网络服务（Amazon Web Services）、凯捷（Capgemini）、微软、量子黑（Quantum Black）和澳大利亚电信（Telstra）在技术和云服务方面展开合作，聚焦分享专业知识、指导和全球性拓展，预期参与团队将使用给定的数据进行原型设计，并将重点放在技术使用上，以获得更好的客户体验并提高效率。在 2015 年的黑客马拉松成功举办之后，星展银行开始了 2019 年的"范式转换"进程。

星展银行的全球黑客马拉松是在微软平台上引领构建下一代金融科技解决方案的典范。这是业界首次为银行提供团队、技术和创意支持，以深层次改变银行产品研发和人才发掘。让参与者能够在智能云服务平台 Azure 上构建代码的端到端协作，对用最少的资源分配构建工作模型来说是一个独特的提议。它为开发人员提供了在原型解决方案中创建更为快捷的工作模型的机会。利用黑客马拉松打造产品的模式，不仅能发掘新型技术人才，还为金融科技的发展和合作奠定了基础，通过与参与者分享真实的银行数据和现实问题，银行保证了模型的成功。该银行的 Hack2Hire 项目从黑客马拉松中招聘员工，成为招聘方面的另一个革命性概念。

金融服务数字化是银行业的核心。领先的银行和平台结合可以说明人才和技术支持的合作能够帮助解决真正的银行问题。在合作伙伴公司的支持下，对技术的关注使得研发更加高产，并且可以快速模型化，减少获取解决方案的时间，为未来在金融科技开发、人才、技术、工具和流程方面的合作奠定了基础。开发高利润的产品和提升客户满意度是银行的终极目标和成功的驱动因素，这一点在本案例中得到了证明。超过 2 000 名员工从黑客马拉松中受益，以人为中心的设计和高效率的方法流程最终赋能并充盈了内部人才。

四、风投融资

随着金融科技细分领域的合作和创新不断推进，风投资本家们开始关注金融科技。

花旗风投（Citi Ventures）是这一领域的大型投资者之一。这家总部位于纽约的公司一直在积极投资支付公司，Chain、Betterment、Square、DocuSign 和 Trade It 都从风险投资中受益。花旗风投继续投资金融科技初创企业和大量新技术，通过花旗创新实验室（Citi Innovation Labs）及其业务来研究创新商业模式。

该公司的一个既定目标是"加速推进花旗的产品路线和商业化机会"（花旗银行，2016），这意味着金融科技在很大程度上被视为银行的老师战略。花旗银行将创新置于其企业精神的中心，并特别强调通过提供优质的新贷款平台来提升客户体验。除了金融科技，资本还在大数据分析、商业及支付、安全和企业信息技术等领域寻找机会。

另一个主要投资者是西班牙桑坦德银行的子公司桑坦德风投基金公司（Santander InnoVentures），桑坦德大力支持金融科技，为许多初创企业和创新者提供了风险投资。例如，2017 年，桑坦德银行将 Pixoneye、Curve 和 Gridspace 三家金融科技企业纳入其不断扩大的金融科技企业阵容，这三家新兴公司分别提供个性化预测、金融科技交联和会话智能服务。

这表明，桑坦德银行为金融科技拨备的风险投资基金已被数字分析机构 CB Insights 评为全球最活跃的银行企业风险投资。桑坦德创新银行（Santander innovations）对人工智能尤其感兴趣，该银行认为，人工智能将成为未来几年金融领域的一项关键技术。除了上述公司，桑坦德银行还投资了其他与人工智能相关的初创公司，如 Elliptic 和 Socure。在投资 Pixoneye、Curve 和 Gridspace 之前的 6 个月里，桑坦德银行共进行了 15 笔金融科技投资。

欧洲无疑是金融科技风险投资的主要参与者，2017 年至 2018 年风险投资额增长超过 120%。这意味着，创业训练营 （Startupbootcamp）等黑客马拉松变得越来越有声望、越来越高调，以致世界上一些知名、富有的银行接踵而至。

通过风险资本进入金融科技领域的另一家金融行业巨头是瑞士金融科技公司 Avaloq。该公司设立了一支风险基金，旨在瞄准增长最快的金融科技企业和最具创新性的初创企业。Avaloq 风投（Avaloq Ventures）由曾在美国 FiveT Capital AG 和巴德尔银行 （Baader Bank）担任高管的米诺·罗斯（Minho Roth）领导，他打算在未来几年大举投资。

如前所述，数字支付服务和在线借贷平台一直是风险投资的主要对象，对其技术创新来为用户提供更好的金融服务和产品被认为非常有价值，从而提振了金融科技企业和最重要金融参与者们的信心。

金融科技投资的这种增长的所在地理区域相当明显，值得注意的是，中国、俄罗斯、中东国家和其他一些新兴经济体一直在大举投资金融科技领域，这尤其推动了美国和英国的风险投资额的增长。英国在风险投资融资方面一直高居欧洲榜首，凭借与金融服务业的紧密联系以及伦敦金融城（City of London）的实力，英国无疑已成为这一领域的全球领导者。

在欧洲大陆所有初创公司筹集的 240 亿美元中，英国初创公司吸引了 77 亿美元，约占总额的三分之一（亨利，2018）。因此，英国对快速成长的互联网企业的风险投资额是法国的 2.5 倍以上，是德国的 1.5 倍，挑战者银行 Monzo 和 P2P 贷款机构 Zopa 在获得风险资本融资方面都是英国的典型成功案例。

五、创业合作计划和私营加速器

随着孵化项目的迅猛推进，金融科技领域出现了开展初创企业合作项目和私营加速器的趋势。例如，已经小有成就的纽约加速器创业孵化公司科技之星（Techstars）与巴克莱银行建立了合作关系。科技之星和巴克莱银行在合作之初就宣称，他们已经成为世界上特别活跃的金融科技投资者之一，显示出知名企业对投资金融科技领域的激情。

科技之星是一个强有力的加速器项目，因为它打破了与科技公司合作的杰出纪录。如果将这一项目与巴克莱银行的专业知识、出色的分销和资源结合起来，不出意外它会成为全球著名的加速器项目之一。同样，巴克莱银行的加入意味着标准非常高，其呼吁其合作伙伴需要具备坚韧、灵活和创新等优秀品质。投资银行积极寻求在资本市场、消费银行、保险技术、风险管理、支付、贷款、监管科技、信贷解决方案等领域"突破已知边界"的公司和创新创业者。

目前全球还有数十个金融科技企业加速器项目正在运行，本书可能不会列举所有案例，但不得不提一些优秀的典型案例。

金融科技创新实验室（FinTech Innovation Lab）由埃森哲和纽约市合作基金（Partnership Fund for New York）共同创立，在纽约运营一个年度加速器项目，将年轻的金融创业家、经验丰富的科技商务人士和银行高管整合在一起，它在向风险投资金融高管们做最后的报告之前，会举行大量的研讨会、小组讨论、用户小组会议、社交机会等大小会议。这一活动享有盛誉，参加者包括美国银行、巴克莱银行、花旗银行、瑞士信贷、德意志银行、高盛、摩根大通、摩根士丹利和富国银行等著名金融机构。

德意志银行创新实验室（Deutsche Bank Innovation Labs）目前也在纽约运营，此前在硅谷、柏林和伦敦等城市设有加速器项目，其旨在帮助银行评估和采用新兴技术，在强烈的忧患意识的驱动下，创新实验室才能快速突破技术创新，从而对其数字转型战略产生重大影响。

富国银行创业加速器项目（Wells Fargo Start-up Accelerator）是美国的大型银行设立的加速器项目，每六个月在旧金山举办一次。这个久负盛名的加速器项目汇聚了各大企业家、行业专家、专业导师和其他主要参与者，这为他们带来了潜在的客户和风险资本投资者。

纽约梅隆银行创新中心（BNY Mellon Innovation Center）是硅谷的一个专注于金融科技、云计算、大数据、网络安全、物联网、移动和可穿戴计算技术的项目。硅谷金融服务云（Silicon

Valley Financial Services Cloud）是这个加速器项目的合作伙伴，该项目为年轻的新兴公司和银行举办各种社交活动。

另一个优秀的合作项目是金融科技沙盒（FinTech Sandbox）。这是一家来自波士顿的非营利性组织，得到了富达投资（Fidelity Investments）、原富达生物科技基金（F-Prime Capital）、汤森路透（Thomson Reuters）、硅谷银行（Silicon Valley Bank）、亚马逊网络服务、安永（EY）和英特尔（Intel）等知名机构的资助。该项目不仅帮助金融科技初创企业获得了宝贵的金融数据和资源，还通过指导和介绍的方式帮助金融科技初创企业获取潜在的客户和投资者。

伦敦也是加速器项目的中心，在这里开展着大量有趣的活动和项目。快进加速器（FFWD）由加速器学院（Accelerator Academy）和城市大学（City University London）发起。该孵化器负责Ziffy、OneFineMeal和Coffee Munch等项目，并称自己为"预加速器"，专注于为初创企业准备首轮融资服务，其中专注于技术、营销和金融的初创企业最受欢迎，近年来FFWD已成为年轻时尚地区肖迪奇（Shoreditch）的固定项目。

贝思纳尔格林（Bethnal Green）地区的Tech City Tub，被认为是伦敦最具活力的孵化器之一。Tech City Tub代表了一个充满活力的创新社区，提供基于桌面的、给予大量补贴的专业服务。另一个有趣的项目是Escape the City，它专注于帮助金融科技企业和其他创新者实现他们的最初想法，Escape the City以其高水平的创新而闻名，并吸引了众多企业客户。

在伦敦双层巴士的顶层举行的 IncuBus 非常特别，该项目是与硅谷 YC 孵化器（YC）和科技之星（Techstars）合作设计的，已经被誉为世界上最好的加速器，帮助初创企业跟踪投资，并提供研讨、工作室和办公空间。

而在伊灵（Ealing）举行的 Activate Capital 则进行了为期 6 周的激动人心的加速器项目。该项目欢迎数字初创企业参与，其净值超过 3 万英镑。Activate Capital 帮助了许多科技和金融领域崭露头角的企业家，确保他们的想法能够发展成可供投资者选择的方案。

随着金融科技适时恰当地取得了真正的信誉，该领域的扩张自然超越了最初设想范围。随着金融技术研发过程变得越来越复杂，银行和初创企业以外的各方也都参与进来。这意味着监管机构、高校和咨询公司都在投资自己的金融科技项目，而 IBM 等供应商也加入了进来。一切都显得越来越积极活跃，有价值的投资正在迅速涌入。

考虑到这一点，人工智能在过去一年左右的时间里成为金融科技领域的热门话题，这可能得益于其日益突出的媒体影响力。谷歌的成就，特别是建立了世界级的围棋机器阿尔法元（AlphaZero），进一步推动了人工智能的发展进程。

这激励了金融领域一些知名的公司加入涉及人工智能的金融科技领域。美国银行与美国金融科技创新企业 HighRadius 合作推出了智能应收账款系统，这是一项利用人工智能来改善直接对账收入的新服务。

虽然这是人工智能影响金融科技领域的一个突出的例子，但肯定不是唯一的一个。西太平洋银行（Westpac Banking Corp）也与金融科技初创企业 Hyper Anna 合作了一段时间，利用合作研发的技术进行数据分析和可视化。毫无疑问在未来几年，人工智能即使不是主导领域，也将成为一个非常突出的领域。

澳大利亚国民银行（NAB）旗下的数字银行 Ubank 与技术平台沃森集团（IBM Watson）合作开发了虚拟助手 RoboChat，旨在回答有关住房贷款的问题。澳新银行与技术公司 Nuance 合作开发了生物识别语音功能，客户可以通过直接与该软件通话来获得银行服务。随着人们越来越习惯人工智能在生活中扮演的角色，未来我们将看到更多的此类创新。亚马逊、谷歌和苹果等公司生产的家用扬声器系统的流行也会起到推动作用。

对金融机构来说，与金融科技领域的尖端企业合作有很多显著的好处。美国银行寻求开发以客户和运营为中心的新业务，以提高客户中心和运营效率。法国巴黎银行、瑞士信贷和高盛等投行都对金融科技进行了大量投资，旨在强化自身的交易和投资组合功能，以提高其业务的自动化水平。富国银行和花旗银行也想从金融科技企业那里寻求在合规和监管问题上的答案。

人工智能另一个有趣的领域是聊天机器人。聊天机器人非常受一些知名银行的欢迎，几家知名银行在这一领域投入了大量资金。聊天机器人可以为与大量人员打交道的银行节省时间和资金，在为客户服务方面做出了巨大贡献。

艾克塞斯银行（Axisbank）已经与主动智能（active intelligence）

合作推出智能银行聊天机器人。美国运通（American Express）正与脸书（Facebook）[现更名为元宇宙（Meta）]密切合作，为其信用卡会员提供运通智能机器人。印度银行HDFC已经使用了尼基（Niki）开发的聊天机器人。美国银行已经完成了它的聊天机器人艾瑞卡（Erica），现在可以在该行的移动银行应用程序中使用。

投资聊天机器人的机构还有星展银行、加拿大阿尔伯塔银行（ATB）、总部位于俄罗斯的托奇卡银行（Tochka Bank）、巴克莱非洲银行（Barclays Africa），以及加拿大在线贷款机构思维资本（Thinking Capital）。思维资本再次与脸书合作并宣布在社交媒体平台上推出其聊天机器人"露西"（Lucy）。

银行开始与金融科技初创企业开展重大合作的另一个主要新兴领域是区块链，它已经让银行意识到权力下沉可能带来的重大破坏的领域。尽管加密货币被大肆炒作，但银行认为真正的核心在于潜在的区块链技术，而不是加密货币。区块链支持银行移除陈旧的流程和系统，而更新为清晰、透明、由同意驱动的数据交换，银行看到了其长期低成本的优势。此外，由于将加密货币连接到区块链（实际上只是基础结构）而引起的负面关联效应使得人们更加担心将区块链引入银行。尽管如此，这种担忧迅速转化，瑞波币等货币受到金融机构的广泛关注，因其为跨境支付产生了显著的成本和时间效益。

西太平洋银行、澳新银行、摩根大通、荷兰国际集团（ING）和瑞士信贷等众多知名企业都投资了区块链技术并从中获利。区块链在银行担保、支付、证券贷款、公司贷款和贸易等领域的应用都是各大金融投资者的关注点，区块链不仅有助于提高业务效率，使得结算速度加快，而且利于降低和分散风险。除了前面提到的 Ripple，随着区块链细分市场变得更加可靠和多样化，大企业已经投资了 Circle、Axoni、Cobalt、Setl、Chain 和 r3 等区块链品牌企业。

金融科技发展的另一个重点领域是开放式银行，尽管事实证明货币化很难实现，仍有一些公司已经涉足这个领域，如开放银行平台 Token 以及提供 API 工具的 TrueLayer 和 Plaid。

与此同时，Zopa 与 TrueLayer 合作的收入验证项目，功能在于其不再需要手动上传文件来验证收入，而是用开放银行数据来替代这个过程。此外，Plaid 已经获得了一大批极具吸引力的客户，包括摩根大通银行、花旗银行、Simple 数字银行、Stripe 支付平台和美国第一资本金融公司（Capital One）等。花旗风投也对开放式银行进行了大量投资。

数字登录显然是一个适合金融科技合作的领域，不少银行自然开始与该领域的初创企业开展合作。例如，美国互联网资管公司 C2FO 和花旗集团已合作研发端到端贸易融资解决方案，其中包含动态贴现等一系列付款解决方案。

ING-Kabbage 是大型银行与金融科技企业合作的典型，网贷平台 Kabbage 与荷兰国际集团（ING）合作提供 SMP 贷款，而且西班牙桑坦德银行和加拿大丰业银行（Scotiabank）也参与其中。摩根大通还与美国在线小微企业贷款平台 OnDeck 进行过合作，这一合作使得中小企业贷款可以通过提供适当的信用评分来进行，但该合作于 2019 年 7 月结束。

另一个有趣的伙伴关系是加拿大道明银行（TD Bank）与美国云端软件开发商 nCino 的合作，道明银行据此能够将其整个消费贷款过程从头到尾数字化。此外，星展银行还与 P2P 平台 Funding Societies 和 MoolahSense 联手，使它们能够为企业提供更好的服务。作为回报，这两个平台通过将信用良好的借款人推荐给星展银行等方式，使得星展银行能获得现金管理等商业银行解决方案。

银行现在也经常与金融科技企业合作，以实现财务操作自动化。典型例子是美国第一资本金融公司 Capital One、美国智能支付平台 Bill.com 和美国人力薪资管理服务公司 Gusto 的合作，使得信贷提供商能够简化小企业的现金流，并将人力资源整合到整个业务流程中，以确保 Capital One 运行更高效。

美国俄亥俄州地区银行 KeyBank 还与美国应付账款服务商 AvidXchange 合作，提供"软件即服务"的解决方案来作为 KeyBank 资金管理平台的一部分，用数字化取代了纸质办公。西班牙对外银行还收购了芬兰数字银行 Holvi，西班牙对外银行一直是金融科技行业的主要投资者之一，对面向创业者的 Holvi 尤其积极，Holvi 为零售企业等中小企业提供销售平台和现金流跟踪等一站式服务。

目前，与数据金融科技平台的投资合作非常突出，很多大型银行都在某种程度上参与了进来。我们可以看看在这一领域领先的四个平台，就会发现很多主要的投资银行都参与其中：

● Visible Alpha——这家提供数据分析服务的 B2B[①] 平台已成功与摩根士丹利、高盛、花旗银行、瑞士银行和汇丰银行等合作。

● Droit——富国银行、高盛集团和自营交易公司 DRW 都与这家提供计算法则和自动化实时决策服务的金融科技企业 Droit 有过合作。

● Acadia Soft——这家提供保证金自动化解决方案的 B2B 平台在吸引企业投资方面特别成功，摩根士丹利、花旗银行、高盛、瑞士银行、美国银行、汇丰银行和德意志银行都与其有过合作。

● Symphony——这家即时通信平台也提供 B2B 解决方案，吸引了一批银行业巨头的参与，包括高盛、摩根大通、德意志银行、瑞士信贷、花旗银行、美国银行和纽约梅隆银行。

银行开始涉足金融科技的另外一个原因是数字银行为银行提供了出色的客户体验。移动手机银行能够抓住细分领域的客户，特别是千禧一代，这导致澳大利亚金融科技企业 Pepper、星展银行旗下数字银行 Digibank 和法国巴黎银行旗下数字银行 Hello Bank 等企业在该领域开拓了市场。

金融科技还提供智能金融援助和无对话界面，用来提高客

---

① Business-to-Business 的缩写，是企业与企业之间通过互联网或专用网络，进行产品、服务和信息的交换和交易的商业模式。——译者注

户参与度和加强渠道伙伴关系，像人工智能公司 K–Assist、finn.ai 和 TalkBank 也积极拓展该领域业务。同样，金融科技合作伙伴也经常与竞争对手银行的白标产品和 API 驱动平台建立合作关系，这进一步利于改善客户体验。德国 Fidor 银行、英国 Railsbank 银行和德国索拉里斯银行（SolarisBank）是智能金融的典型。

面对客户的挑战者银行有助于改进更好的服务体验，增强自助服务功能，Go 语言的金融数据服务、Simple 数字银行和美国手机金融科技公司 MovenBank 都是这一类的例子。挑战者银行在数据驱动下研发的个性化产品不仅往往比传统银行业效率更高，而且还更透明，美国消费金融公司 SoFi 和美国个人理财手机应用 Qapital 都在顺应这一趋势。

合作案例研究
——加拿大丰业银行和美国在线信贷平台 Kabbage

在加拿大，小企业占 97.9%。根据马来西亚电子支付网 PayNet 数据显示，2014 年，加拿大小企业的借贷活动持续下降，超过 80% 的加拿大小企业无信贷历史或者缺乏抵押品来获得贷款。在墨西哥，中小企业是经济的重要引擎，占墨西哥 GDP 的 40%，而小企业数占了 90% 以上，其中只有 12% 获得了金融机构的贷款，贷款过程较为冗杂。贷款认证和风险评估是不对应的，再加上银行向大额贷款倾斜，大多数小企业无法获得贷款。在银行看来，向年收入低于 20 万美元的企业提供贷款并不理想，其中的贷款认证、审批和评分的成本很高。

美国在线信贷平台 Kabbage 与加拿大丰业银行在 2016 年开展的合作，是交付领域的金融创新的典型。其服务对象是传统银行没有瞄准的细分市场：小企业客户。这是在没有部署辅助平台或开发新产品的情况下，为小企业提供贷款的第一步——银行没有进行任何额外投资，也没有设计任何新产品。丰业银行利用其现有的小企业账户推进该项目，它利用了 Kabbage 商业模式的无缝客户体验和自动化决策，为银行的小企业客户提供了信贷额度。商业贷款、工资贷款、信贷额度或企业现金预支的申请在几分钟内就能得到批准，这对小企业主来说影响巨大。Kabbage 平台使用先进的计量方法、社交媒体分析和美国个人消费信用评估公司费埃哲（FICO）的源管理数据决策模块（Origin Manager Decision Module）来进行信用评分，通过对从 30 个不同的数据源和 50 个不同的模型中提取的数据进行评分进一步提升了这种自动风险评估的正确率，进而最大限度地降低了贷款风险。另外，银行还通过使用 Kabbage 评分系统来确定合适的还款期限。

对总部位于加拿大的国际银行来说，这种合作是业内第一次，它是专门为了推出与 Kabbage 合作研发的这款自动贷款产品的。这款产品没有被冠名为丰业银行的产品，而是被联合命名为"丰业银行商业快线"（Scotiabank Fastline for Business）——丰业银行为小企业用户推出的第一款数字产品。虽然丰业银行并未在所有小企业贷款解决方案品牌中使用 Kabbage 的名字，但所有新闻稿都明确提到，丰业银行的商业业务由 Kabbage 提供贷款支持。丰业银行调整了对小企业的服务配置，以便建立提供贷款的预批准账户，而没有特别实施产品定制。由于 Kabbage 将其技术授权给了丰业银行，就形成了既能直接集成到丰业银行现有后端，又能同时在前端感知客户体验的一套应用程序接口。这是银行与金融科技初创企业合作，而又不是从零开始构建数字解决方案的一个例子，丰业银行是利用 Kabbage 的数据和技术支持来推动其未来的小企业贷款业务计划的。

丰业银行在墨西哥的投放市场中拥有超过 12 万名非借款的小企业客户，他们有 20 亿加元的存款，但贷款却有限，通过这种自动化的贷款项目，银行能够逐步将其贷款提供给加拿大和墨西哥的中小企业。这一合作关系导致丰业银行随后推出 Scotia Running Start for Business 银行套餐，专门为小企业审批信贷额度。Kabbage 为丰业银行提供了有意寻求贷款企业的有价值的数据，并为其培训员工来更好地应用。近年来，另类

> 信贷被视为高增长领域，丰业银行与 kabbage 的合作模式为小企业贷款带来了创新。将一家大型银行和金融科技企业的力量结合在一起，就是将银行现有的基础设施和数字贷款平台结合在一起，这样快风险评估和贷款审批就非常快捷了。

六、小结

从本章我们可以清楚地看到，金融科技确实正在成为主流金融架构的一部分。金融领域各方都充满激情的症结点就是金融科技，金融科技的发展已成定局，并且在未来几年还会持续繁荣。也许金融科技揭示的最令人兴奋的方面就是它的多样性和多元性，金融科技现在确实影响了金融系统的多个领域。

第五章

新兴市场驱动创新

新兴国家市场天然地具备颠覆性技术发展的优势。原因在于新兴市场中传统银行固有的运营体系对金融科技等颠覆性技术的发展制约很少，再加上手机的广泛普及和社交媒体，非洲、亚洲和拉丁美洲的一些国家已经主导了令世人叹为观止的金融科技创新，并在该行业的发展中起着引领作用。这些国家的消费者在接受金融服务时可以越过传统银行的服务流程，转而通过搭载在社交媒体上的颠覆性技术，故而并不需要接受使用技术的培训。这些青睐金融科技服务的消费者越来越热衷于使用移动钱包或者移动终端应用程序提供的银行服务，倘若此时再教他们如何使用信用卡或借记卡，那肯定如晴天送伞一般多此一举。

一、金融科技在新兴国家方兴未艾的奥秘

与一些更成熟的银行市场相比，墨西哥、印度、韩国、土耳其、肯尼亚和印度尼西亚等国在金融科技创新方面的表现优越的原因如下所述：

● **缺乏传统的银行服务体系**。自 20 世纪 80 年代以来，欧洲和美国的银行一直在通过采用复杂的核心银行系统和客户管理系统方式来实现转型，而新兴国家的大多数银行直

到 21 世纪初才开始实施类似的转型举措。由于在转型时缺乏遗留系统和大型商业服务器，这些国家的银行能够借助高度创新、融合社交媒体、大数据等技术，赋予所有触点以一流的客户体验。在转型中诞生的金融科技，能够很容易地融入银行核心系统的决策中。

● **智能手机的普及率和互联网成本**。中国、新加坡、韩国、马来西亚等国家的智能手机普及率已超过 70%（伯恩马克，2016），而菲律宾、印度和巴西等国家的智能手机普及率较低（低于 40%），但千禧一代的手机普及率非常高。这群人精通技术，对应用程序要求很高，通过他们社区中最常用的设备——手机，让他们的生活更轻松。这些国家访问基于移动设备的互联网的成本也非常低。

● **对银行缺乏信心**。一些新兴国家对传统银行服务体系表现出的普遍不信任，要么是传统银行出现严重的经济危机，要么是传统银行的客户体验较差。墨西哥、马来西亚和韩国等国家对银行的不信任程度依次递增。

● **未设立银行账户的人群比例高**。一些国家成千上万的民众设立未设立银行账户，这表明该国民众使用现金比例较高；另一方面，这使得政府和个人缺乏货币透明度，资金管理选择不佳，以及被盗窃或损失的可能性高。金融科技已然在索马里、尼日利亚和哥伦比亚等国家受到欢迎，通过为没有银行账户的人口提供优质的教育和获得资金管理的机会，以此来消除现金。

● **银行存款水平低**。姑且不论印度和印度尼西亚等国家没有银行账户的群体。这些国家虽然拥有相当完善的传统银行基础设施，却未能为中小企业家、自由职业者以及快速增长的中等收入者等群体提供充分的服务。

（1）非洲

虽然非洲国家和地区经济发展水平有差异，但有几个国家在金融科技投资和设立金融科技初创企业等方面有着强劲的增长势头。在非洲，金融科技的增长标志着非洲大陆的通用技术需求的激增，包括其他领域如健康科技、教育科技和零售科技等。金融科技在这个只有 17% 的人口拥有银行账户的非洲大陆特别成功。在这种环境下，金融科技服务的价值是显而易见的，到 2017 年，非洲初创企业筹集的超过 30% 的资金来自金融科技领域。根据《颠覆非洲》（*Disrupt Africa*）的数据（莱特斯蒂，2018），2017年金融科技的风险投资增长了 51%，达到 1.95 亿美元。

在非洲，有许多成功的金融科技初创企业的例子，在几个领域，公司正在实现经济和用户渗透。移动支付系统 M-pesa[①] 是最成功的案例之一，该系统已经在基本上没有银行账户的 10 个国家拥有 3000 万用户。随着移动货币的日益成熟，非洲已经成为

① M-Pesa 是电信集团沃达丰旗下在非洲经营的通信商 Safaricom 与 Vodacom 于 2007 年开始推出，一种可经由手机进行汇款、转账、支付等金融方面交易的移动支付服务。——译者注

该领域的先驱，移动货币已超过了当地的银行账户。撒哈拉以南非洲是世界上唯一一个有 10% 的 GDP 交易通过移动支付进行的地区（Sy，2019）。

金融科技不仅对非洲产生了重大的经济影响，而且对非洲大陆许多仍然依赖相对较少的工业部门的国家的经济结构产生重大影响。此举将对激发非洲大陆各国的经济潜力产生深远影响。

金融科技普及的风气正兴，使得越来越多无银行账户的非洲人获得金融产品。例如，有 3 700 万肯尼亚人拥有手机，远远超过了该国自动取款机的数量（莱麦丹，2018）。这意味着，在肯尼亚等非洲国家提供移动资金和钱包解决方案的公司真的可以在资金管理方面获得技术的回报。

随着金融科技在非洲的潜力日益增大，同样也有越来越多的主流金融机构参与到金融科技行业。例如，渣打银行已经推出了其非洲创新实验室，作为一个与肯尼亚和更广泛的非洲地区的金融技术公司合作的平台。

渣打银行与位于新加坡和其他国家的实验室合作，持续对新兴经济体进行战略性投资。事实上，渣打银行肯尼亚首席执行官卡流金加里（KariukiNgari）将该公司描述为一家"连接器银行"，表明他们希望"将客户、市场和产品与网络连接起来，并促进一些增长最快的市场的全球贸易和投资"（渣打银行，2019）。

万事达卡 Engage 项目是另一个与非洲金融科技公司合作以扩大该地区合作机会的例子。Engage 是万事达卡最初在内罗毕和拉各斯启动的旨在建立全球伙伴关系和发展的项目，通过建立数字支付技术生态系统，提高市场投放速度。这一计划在非洲的实施，突显出主要金融机构对非洲大陆金融科技发展的重视程度。

案例研究
——非洲移动钱包 M-pesa 的成功故事

肯尼亚的贫困率是发展中国家中最高的国家之一；2007 年的全国贫困率估计在 45%。[1] 经济结构以农业为主，非正式部门迅速扩张，制造业停滞不前。[2] 财富分配和贫困水平的不平等非常高，人口主要是贫穷人口和农村人口。超过 55% 的人生活在肯尼亚的贫困线以下，58% 的人每天的生活费不足 2 美元。[3] 大多数公民没有

[1] Kenya National Bureau of Statistics（2007）Basic report on well-being in Kenya [online] http://catalog.ihsn.org/index.php/catalog/1472/download/42105（archived at https://perma.cc/9V4Z-NRBF）

[2] Arndt, C, McKay, A and Tarp, F（2016）Growth and poverty in sub-Saharan Africa, Oxford Scholarship Online [online] https://www.oxfordscholarship.com/view/10.1093/acprof:oso/9780198744795.001.0001/acprof-9780198744795-chapter-15（archived at https://perma.cc/H7SK-4FVD）

[3] Library of Congress（2007）Country profile – Kenya [online] https://www.loc.gov/rr/frd/cs/profiles/Kenya.pdf（archived at https://perma.cc/BRZ3-T6ZN）

银行账户，小企业也无法利用信贷或贷款。银行网络还没有渗透到农村地区，因为银行认为，为那些账户几乎没有持有任何资金的贫困群体提供服务是不可行的。在这种情况下，M-pesa 通过移动设备上的集成账户进入微支付设施，成为穷人和无银行账户的解决方案。小企业可以通过移动钱包使用 M-pesa 转账服务和贷款。

M-pesa 由肯尼亚移动网络运营商 Safaricom 于 2007 年推出，是一个来自非洲的移动钱包和小额融资的成功案例。它服务的是被传统银行忽视的细分市场：没有银行账户的个人和小企业。此外，本案例研究还着眼于起源于肯尼亚的移动银行服务如何将其足迹扩展到其他几个国家，包括印度[①]，那里的移动钱包领域竞争非常激烈。最早的原型是为小额转账而开发的，随后被重新定位为专营小额融资的服务系统。M-pesa 通过简单的机制实现在用户之间小额转账的服务。M-pesa 通过由代理商、各地经销商和零售网点组成的网络为用户提供服务，用户可以使用 pin 安全码的短信进行存款和支付。汇款和取款需要收取少量费用。该模式的成功运营为渐

[①] Sen, S（2014）Inclusion by mobile, Business Today [online] https://www. businesstoday. in/magazine/case-study/case-study-vodafone-mpesa-mobile-cash-transfer-servicefuture/story/211926.html（archived at https:// perma.cc/MNK4-8T7L）

进式引入其他新服务奠定了良好的基础，如国际转账、贷款、通过 API 进行的第三方整合、透支贷款和供应商合作伙伴关系等。M-pesa 服务的区域扩大到坦桑尼亚、南非、莫桑比克、莱索托、埃及、阿富汗、印度和罗马尼亚。截至 2019 年 3 月，该公司的用户已超过 3 000 万。

移动钱包金融服务的 M-pesa 模式与众不同，因为它在肯尼亚等欠发达地区发挥了"社会"角色。它赋予了财政弹性，而这反过来又成为长期减贫、增长和为妇女赋权的引擎。流动资金的扩张使该国 2% 的家庭实现脱贫[①]。M-pesa 聚焦世界各地的银行家们因无法为穷人和农村地区提供金融服务而被长期忽视的细分市场。这个案例研究的独特性在于移动钱包使肯尼亚和其他非洲国家具有了更大的金融包容性[②]。自 M-pesa 在肯尼亚推出以来，其人均日消费水平增长了 6%。妇女通常是家庭的辅助收入者，通过移动货币为她们赋能；估计约有 18.5 万名妇女脱离农业生产领域后在商业领域谋求

[①] Matheson, R（2016）Study: mobile-money services lift Kenyans out of poverty, MIT News [online] http://news.mit.edu/2016/mobile-money-kenyans-out-poverty-1208（archived at https://perma.cc/2ZGQ-B3H7）

[②] Adams, T（2018）Why financial inclusion matters（blog post）Center for Financial Inclusion [online] https://www.centerforfinancialinclusion.org/why-financial-inclusionmatters/（archived at https://perma.cc/E9CE-M5YF）

职位，从而成为财务上独立的人①。M-pesa对处在金融服务金字塔底部的人群需求的关注改变了肯尼亚人的生活，并让人们关注到了传统上被忽视的社会阶层在经济增长中的主导地位。M-pesa的案例研究已经证明，为处在金字塔底部的人群提供服务也可以推动金融科技运营的商业可行性②。

　　M-pesa的实践充分说明便捷和安全的资金储存是优化财务管理和储蓄的前提，特别是在女性群体中。小额支付是经济增长的核心，因为它们服务于最广泛的社会和经济领域。金融服务的数字化使小企业形成了一个积极的生态系统，并覆盖了肯尼亚农村地区的每个角落。昔日享受金融服务不足的个人、企业家和中小企业企业主如今也能够融入常规经济活动中，并从中获益。而与此同时，昔日不能很好地为上述群体提供金融服务的银行和政府却也从上述群体参与常规经济活动中受益。时至今日，贫穷的客户和缺乏传统银行业务的小企业主已然是正式金融体系的一部分。

---

① Jack, W and Tavneet, S（2011）Mobile money: the economics of M-pesa [online] http://faculty.georgetown.edu/wgj/papers/Jack_Suri-Economics-of-M-PESA.pdf（archived at https://perma.cc/JU5Y-DH94）

② Monks, K（2017）M-pesa: Kenya's mobile money success story turns 10, CNN [online] https://edition.cnn.com/2017/02/21/africa/mpesa-10th-anniversary/index.html（archived at https://perma.cc/CW2D-UBUY）

（2）亚洲

从巴林、阿联酋、印度、印度尼西亚再到中国，亚洲各国的同质性甚至更低了。然而，这是世界上另一个金融科技革命产生了巨大和持久影响的区域。自然，这个以技术为重点的洲特别适合为金融科技的发展做出贡献，亚洲的一些国家的确已经做到了这一点。

亚洲在移动支付和电子商务领域中应用金融科技产品和服务方面，一直遥遥领先。毫无疑问，雄踞在亚洲大陆上的地球上人口最多的两个国家对亚洲金融科技引领世界潮流功不可没。在中国和印度的调查显示，超过一半与互联网连接的成年消费者经常使用金融科技服务，仅在这两国就形成了一个成熟的、用户超过 10 亿人的金融科技市场。在中国，以消费者为中心的金融科技公司能够实现巨大的市场渗透，超过 80% 的中国受访者表示，他们使用过移动转账和支付系统。亚洲金融科技的体验有其固有的多样性，大约一半的中国和印度消费者表示，他们已经使用了一种金融科技保险产品。

2018 年，金融科技初创企业的融资持续快速攀升，私募股权和战略投资者都对该行业感兴趣。当年，120 亿美元投资于风险投资支持的金融科技公司，其中超过三分之一直接投资于亚洲的公司。

案例研究
——亚洲移动支付平台的成功案例：Paytm

2010 年，在 Paytm 推出之前，印度的互联网用户群拥有 5 100 万活跃用户，达到 10%，每 4 人中就有一个的互联网用户拥有移动接入[①]。2010 年，智能手机的数量超过了 850 万部。随着互联网使用量和市场渗透率的增加，电子商务的发展趋势逐渐明显，移动电子商务的出现自然是水到渠成。Paytm 使得手机预付话费的便利与日俱增。它通过增加增值服务来广泛地拓宽用户网络，从而提高更广泛用户的生活便利。支付钱包扩展到一个在线支付网关和数字钱包。在 2016 年印度政府废除面额为 500 卢比和 1 000 卢比的纸币之后，Paytm 成为从电话账单、公用事业到移动商务的每项服务的首选支付系统。

Paytm 为印度的电子商务支付系统和数字钱包赋能实践很成功。它服务于对现金高度依赖的经济且无法被传统服务所覆盖的细分市场：小型支付用户。本案例研究着眼于移动支付服务，最初作为一个电子支付平台，

如何扩展到包括一系列商户服务、移动收费、公用事业账单支付、旅游和娱乐预订，以及合作机构的店内支付等业务。Paytm 最早的原型是为手机充值平台开发的，随后被重新定位为一个移动钱包，同时使用移动应用程序和二维码提供多种服务。Paytm 从手机充值领域开始，并逐步扩大至账单支付、公交车票、电子商务、支付网关、交易和优惠券等领域。客户可以通过 Paytm 应用程序进行信用卡和借记卡支付和银行转账。10 种印度地区语言的"商业支付"应用程序允许当地商家合作伙伴跟踪支付情况并进行日常结算。商户在通过 Paytm、统一支付接口（UPI）和信用卡支付等方式直接将钱打进其银行账户是免费的。截至 2019 年 5 月，商户基础为 1 200 万合作商户[1]，占市场份额的 60%[2]。时至今日，Paytm 的应用下载量超过 1 亿次，研究人员将其成功实践归功于持续不断地提供服务。它在个人、小企业、商

---

[1]　Economic Times（2019）Paytm dominates UPI merchant payment segment with 60% share [online] https://economictimes.indiatimes.com/small-biz/start-ups/newsbuzz/paytm-dominates-upi-merchant-payment-segment-with-60-share/

[2]　Livemint（2019）Paytm dominates UPI merchant payment segment with 60% share [online] https://www.livemint.com/companies/start-ups/paytm-dominates-upimerchant-payment-segment-with-60-share-1560160951172.html（archived at https://perma.cc/NJ3G-QNBF）

家、公用事业公司，甚至旅游和娱乐平台上扩大了用户基础。移动银行的空间被扩展到小型投资计划：Paytm黄金储蓄计划和黄金赠品。5亿未得到服务和服务不足的印度人通过在线支付享受到银行和金融服务机构提供的服务。在线支付不收取维护费用，但每笔交易都要收取佣金。Paytm购物中心的应用程序进一步允许消费者进入经过Paytm认证的市场。

Paytm支付去中介模式使其能够快速地满足支付和钱包服务领域的广泛而多样化的需求。它致力于提供一种简单的、基于手机的替代现金交易方案，使其成为一个值得信赖的支付平台。用户甚至可以通过Paytm缴纳学费、水电费和税费，以此来推动民众生活的便利。由于Paytm的安全性和便利度得到了消费者和市场各主体广泛认可[①]，它成为印度经济转型的新引擎。统一操作界面的API使每一笔交易都能实现无

---

① NazimSha, S and Rajeswari, M（2018）A study on Paytm services in promoting cashless economy after demonetization in India and an outline on its support towards making India digital, International Journal of Pure and Applied Mathematics 119（7）[online] https://www.researchgate.net/publication/324994017_A_Study_On_Paytm_Services_In_Promoting_Cashless_Economy_After_Demonetization_In

缝、即时和无现金化[①]。这个案例研究是独特的，因为
Paytm 的收入不是来自用户，而是来自托管账户、广
告、订阅和销售佣金[②]。这已经证明，与广泛的消费者
群体建立强有力的合作关系可以拓宽用户基础，而无须
额外广告活动。Paytm 与印度铁路公司、出租车聚合公
司、旅游和娱乐公司的合作伙伴关系已成为数字钱包的
榜样。

　　该移动平台的高信任评级和包括银行设施在内的
一系列服务使其成为全印度移动、电子钱包和商务的普
遍平台。它不仅彻底改变了支付领域，而且也弥补了印
度政府在"数字印度"和推动无现金经济方面的不足。
（NazimSha and Rajeswari，2018）该案例研究已经证明，
数字支付成为主要的支付方式不仅可以增加金融包容
性，而且能提高货币的透明度。

① Delhi School of Internet Marketing（2015）Case study: Paytm, journey from mobile recharge to e-commerce market [online] https://dsim.in/blog/2015/05/08/casestudy-paytm-journey-from-mobile-recharge-to-e-commerce-market/（archived at https://perma.cc/7E5P-6HEN）

② Sharma, H（2017）Pay through mobile: a case study on Paytm, Academia. eu [online] https://www.academia.edu/32150913/_PAY_THROUGH_MOBILE_A_CASE_STUDY_ON_PAYTM（archived at https://perma.cc/6J88-ARAZ）

与其他国家相比，亚洲国家走向无现金经济的速度更快，这可能得益于亚洲国家民众对创新文化认知和接受的强烈意愿。在中国，第三方支付系统的创新发展和数字交易的日益繁荣使得现金调拨量逐日减少，进而加快了无现金社会的步伐。在这一进程中，移动设备是关键要素。

所有的实践都表明，亚洲是金融科技发展中的一个重要地区，而中国无疑是这方面的主力。印度向无现金化政策的迈进也相当迅速，特别是在2016年年底印度政府废除面额为500卢比和1 000卢比的纸币之后。这也反映在中国和印度的民众使用金融科技日益频繁。2017年的一项调查发现，69%的中国人和52%的印度人使用过某种形式的金融科技技术或产品（戈文迪，2018）。

毫无疑问，金融科技正成为英国、美国和欧洲银行的主要竞争对手，在亚洲更是如此。事实上，科技巨头是亚洲大银行的有力竞争对手。通过支付平台进入金融市场后，金融科技公司正在利用大数据，这为其向各种金融领域的扩张奠定了基础。亚洲的某些独特因素为金融科技的发展奠定了坚实的基础。

特别是社会信用评分的日益突出，将对亚洲金融交易的处理方式产生影响。在不断增长的社会信贷体系中，主要的金融科技公司已经成为政府合作伙伴，这种合作在未来可能会变得更加深入。这一趋势也延伸到其他地区，新加坡的初创企业 Lenddo[①] 目

---

① Lenddo 利用非传统数据提供信用评分和在线校验服务。——译者注

前为 20 多个国家的 50 多家领先机构提供社会信用评分。

　　与此同时，金融机构和消费者都普遍希望提高金融科技的安全性，目前人脸识别技术和指纹技术很好地回应了这一诉求。自 2015 年以来，人脸识别技术已经开始应用在中国的银行取款机上，该技术目前正在中国社会的更多应用场景下进行测试，诸如零售商店到机场登机等不一而足。

　　在印度，指纹和虹膜扫描仪已经取代了身份证，11.7 亿印度人在政府身份数据库 Aadhaar[①]（瀚纳仕，2017）中注册。尽管 Aadhaar 有自身的隐私问题以及其实施的安全问题，但它有巨大的力量改变数十亿获得金融服务和公用事业的人的生活。

　　亚洲金融科技创新增长的另一个主要因素是，主要银行在受到金融科技迅猛发展带来的颠覆性影响后，走上了与金融科技公司合作图存的道路。传统金融业在亚洲的参与者很快就理解了这一点，而且这已经引发了更广范围的合作。

　　金融科技在亚洲还拥有数字化素养高、本土劳动力技能娴熟的巨大优势。亚太地区尤其幸运，他们拥有一大批既精通数字技术，又熟悉金融科技颠覆金融领域各业态趋势的高校毕业生。随着越来越多的年轻人从消费者和就业的角度拥抱技术创新，金融科技在整个亚太地区的扩张几乎不可避免。

　　在金融科技应用方面，日本并不像其他亚洲国家那样时常

---

① 印度政府 2009 年启动的全球规模最大的生物识别信息管理系统。——译者注

被提及。然而，金融科技在日本开始实现突破，尽管其在金融科技领域的总投资与中国相形见绌。尽管如此，在 2018 年，日本对金融科技的投资价值增长了 5 倍，超过了 5 亿美元（埃森哲，2019）。总部位于东京的移动支付提供商欧力卡米（Orikami）是推动日本创新和增长的金融科技初创企业的一个例子，日本经验丰富的金融公司正开始与金融科技初创企业合作。

毫无疑问，亚洲正在推动全球金融科技行业的发展。亚洲约占全球金融科技投资的 43%。显然，以技术为重点的亚洲将继续在这一创新和重要技术的增长中发挥巨大和有影响力的作用。

（3）拉丁美洲

拉丁美洲的几个国家和墨西哥都迅速开始拥抱在贷款、支付和数字银行业务方面的创新实践。拉丁美洲的金融科技活动已经增加到 18 个国家，这是世界上另一个满怀热情拥抱去中介技术潜力的地区。

根据 2018 年美国拉丁美洲金融科技公司的报告数据显示，仅在 2018 年这一年当中，就有 1 066 家金融科技企业在拉丁美洲成立，增长了 66%（2018 年拉丁美洲金融科技：增长和整合），该报告由美洲开发银行和金融银行出版（2018）。

金融科技创新发展的深度和广度远超其预期。该报告还指出，几乎每三家金融科技合资企业中就有两家已经进入了深度创新发展阶段，这表明该地区的发展速度确实很快。

正如预想的那样，拉美经济强国巴西已经主导了金融科技领域，共有 380 家初创企业，但其他国家的初创企业数据也着实喜人。随着金融科技在拉美地区的广泛应用，各国开始推进布局金融科技，不甘落后，例如，墨西哥 273 家，哥伦比亚 148 家，阿根廷 116 家，智利 84 家。

在拉丁美洲，许多金融科技供应商早已不满足商业版图在本国扩张，开始着力布局其海外市场。三分之一的拉丁美洲金融科技公司已经将业务扩大到本国以外，向海外扩张在拉丁美洲的每个国家已达成共识。

事实上，美洲开发银行（IDB）的互联网接入、市场和金融部门的主管胡安·安东尼奥·凯特勒指出"在拉丁美洲，国际化的趋势也在不断增长"。这不仅为企业家们提供了更多机遇，也显示了在区域层面加强对话和协调的重要性（美洲开发银行，2019）。

正如全球金融科技领域普遍存在的情况一样，支付和汇款在拉丁美洲的技术发展中发挥了重要作用。在该区域确定的举措中，24% 的举措集中于这一领域，贷款也是金融科技领域的主要组成部分。数字银行也在拉丁美洲兴起，与此同时，信贷评分、身份识别和欺诈保护等问题愈发突出。

随着金融科技成为拉丁美洲金融领域的一部分，风险资本已经开始对此感兴趣。近几个月来，随着金融科技市场逐渐走向成熟，资本对拉美金融科技公司的投资达到了史无前例的水平。拉丁美洲金融科技市场成熟的标志是主要国际投资者对该市场的仔细考察和该地区一些政府率先采用特定监管框架。

有趣的是，人们还指出，女性在拉丁美洲的金融科技领域尤其活跃。研究表明，该地区 35% 的金融科技公司是由女性创立或由女性共同创立的，这远远高于全球 7% 的平均水平（安马奇，2019）。似乎这些特殊的金融科技公司也针对那些不能被传统金融部门善待或完全被排斥的人群，这意味着拉丁美洲金融科技的发展背景与非洲无银行账户人口的背景有着相同的特点。

通常认为，拉丁美洲的金融体系经常与其他地区不同，金融科技却通过促进国际合作减少孤立的方式使外界的印象得以改观。拉丁美洲金融格局经常出现这种孤立主义的主要原因是地区的竞争性和复杂性。幸亏有了金融科技，风险投资初创企业，甚至是传统银行，都开始了解该地区惊人的增长机遇。

尽管各国政府一直致力于提升民众的银行账户的水平，拉丁美洲没有银行账户的公民占比仍然相当高。据估计，整个拉丁美洲人口中约有 45% 没有银行账户，而在该地区总人口 6.25 亿中，目前只有 1.13 亿人使用信用卡（帕特斯基，2019a）。即使那些携带信用卡的人，也经常被拒绝进入国际市场，因为他们现有的产品只限于国内使用。

显然，缺乏消费信贷意味着拉丁美洲人口很难参与全球经济，甚至在某些情况下连旅行的信心都没有。随着金融科技的广泛应用，该地无银行账户的人获益良多。

这意味着，使用户能够创建移动数字账户的新银行，非常适合拉丁美洲的文化。因此，这一创新的概念已经开始渗透到巴西、墨西哥、智利和阿根廷等国家。考虑到拉丁美洲各国政府面临的组织管理方面的困难，几个政府已经试图降低银行业的监管水平，以确保金融科技能够在拉丁美洲大陆蓬勃发展。2018 年发布的一份报告发现，该地区 85% 的银行已经在考虑将金融科技公司作为潜在合作伙伴，另有 6% 的银行表示有意收购金融科技竞争对手（帕特斯基，2019b）。

显然，金融科技服务在拉丁美洲的渗透已经对主流金融体系产生了严重影响。此外，收购进程已经开启，哥伦比亚最大的国有银行之一在 2018 年收购了一家哥伦比亚新银行。这种合作关系现在允许金融科技服务的用户从银行分支机构和自动柜员机的账户中提取现金。

总之，金融科技的影响力已经在拉丁美洲创造了相当大的成就。而这只是金融科技影响力在未来几年有望提高的众多领域之一。

二、金融科技中心和有趣的初创企业

随着金融科技作为新兴经济体——金融体系的弄潮儿隆重登场，各种有趣和有说服力的案例研究脱颖而出。下面的案例研究表明，尽管金融科技的创新是全球性的，其相关应用却被赋予地域特色。

（1）Incred[①]

Incred 的智能网络金融服务平台在印度取得了巨大的飞跃。该技术平台成立于 2016 年 4 月，主要提供针对个人消费、住房和教育贷款的服务，同时也向中小企业提供大量资金，因而在商业领域建立了良好的联系。

Incred 的核心是技术和数据科学，它被用来确保贷款能够在比传统银行通常情况短得多的时间内进行。Incred 的便利得到消费者的普遍认可，故而 Incred 不仅在孟买越来越受欢迎，而且吸引了大量的股权融资。事实上，与该公司相关的最新一轮融资已经将其总股本资本增至超过 130 亿美元，已然是一个不容小觑的数字。

（2）Better Trade Off[②]

新加坡是另一个与技术创新关系相当密切的地方，正是这种氛围孕育了巨大的成功故事，如 Better Trade Off。这家企业成立于新加坡，致力于提供极具吸引力和创新性的生活规划解决方案 Aardviser[③]。它使用一个名为"BetterTradeOff"的平台为金融机构

---

① Incred 是总部位于印度孟买的非银行金融科技借贷平台。——译者注

② Better Trade Off 是提供在线财务顾问解决方案的新加坡金融科技和保险科技创新企业。——译者注

③ Aardviser 是 Better Trade Off 公司开发的人生计划解决方案，该解决方案使用先进的统计模型和 AI 来帮助个人在为自己的未来融资时做出更好的决策。——译者注

提供数字金融建议。更好的交易用户受益于统计模型和复杂的人工智能，确保该公司的客户在试图规划他们的未来财务状况时能够做出更好的决定。Better Trade Off 能够提供灵活和模块化的建议，捕捉客户的财务状况，然后将数据捕获过程数字化，这在传统上与财务顾问有关。

这不仅将财务健康状况检查所需的时间缩短至几分钟之内，而且还能帮助人们做出更复杂的决策。Better Trade Off 能够通过投资产品动态地实时地调整客户的财务计划。这个令人印象深刻的系统已经成为新加坡财务规划架构的重要组成部分，我们肯定会在世界其他地方看到类似的解决方案。

这种金融科技创新的另一个优势是，当它们与有经验的人合作时，它们可以产生卓越的结果。在几个领域已经注意到，机器学习和人类直觉的结合可以取得卓越的结果，传统的财务顾问正越来越多地与更好的交易公司合作，以实现最终的税收筹划。

（3）Blue Fire AI

蓝火人工智能（Blue Fire AI）一直是中国香港大型金融科技创新者之一，它使企业能够通过复杂的基于机器学习的算法实现转型。这种资本市场智能引擎可以通过先进的算法来映射信息，允许系统快速理解有利可图的人类行为，从而直接影响资产性能。这项高度复杂的技术已经覆盖了超过 75 000 种证券，并且越来越了解潜在资产对未来现金流的影响。该系统已经成为全球首个将普通话的信息通过算法映射到资本市场的系统，可以用来处理股票、利率和信贷等业务。

关于 Blue Fire AI，需要理解的另一件关键的事情是它的机器学习能力，它的预测可以随着时间的推移变得更加准确。人工智能有能力应对不断变化的市场状况，并利用数据来预测趋势，这远远优于当前银行的技术能力，因此是数字咨询的有用工具。

Blue Fire AI 已经在中国香港声名鹊起。它不仅是人工智能领域的先驱，也是金融科技在发展中市场的力量的又一次展示。

（4）百度

我们已经在这一章中看到，中国无疑是金融科技领域的全球领导者。北京自然成为这个成功故事的重要组成部分，这意味着百度等项目已经获得了关注。

百度提供综合金融服务，包括消费金融、金融管理、电子钱包支付、网上银行和保险。百度正在对金融科技的发展进行战略布局，尝试能够提供身份识别、大数据风险控制、智能投资咨询和智能客户服务产品，以及金融云服务和区块链。

这是另一家正在金融行业接受人工智能革命的公司，并试图在一个某些人口可能被排斥的国家推广包容性金融的概念。百度正在中国掀起波澜，它已经被认为是这个世界人口大国的主流金融格局的一部分。

（5）Geru[①]

格鲁（Geru）在圣保罗这个充满活力的巴西城市雇用了 100

---

① 总部位于圣保罗的一家简单、快捷、公平、平价的在线借贷平台。——译者注

多名员工，它无疑是这个正在接受这一变革性技术的国家的主要金融科技公司之一。Geru 通过提供较之传统银行更具竞争力的贷款，在巴西的金融体系中建立自己的地位。

这家初创公司通过在其主要管理职位上聘用大多数女性开创了多元化的公司文化，从而激发了拉丁美洲女性对金融科技的浓厚兴趣。Geru 正在证明自己是一个完全现代化的企业，它吸引了众多的消费者。

（6）Yoco[①] 和 Jumo[②]

南非的开普敦是一个拥有金融科技的新兴经济体的领先城市之一，这个城市具有在科技领域建立自己地位的强烈愿望。基于此，我们有必要去看看两家特定的金融科技初创企业，它们正在改变南非民众对金融服务的看法。

Yoco 作为一家全球前 250 家金融科技公司，已成功上市，其专营的手机卡处理机器产品已经销遍全球。这促使首席执行官卡特莱戈·马派伊思考业务时采取全球思维模式，该公司计划"在非洲和非洲以外的小企业建立和提供世界级的东西"（全球道德银行，2019）。

---

① Yoco 成立于 2013 年，是开普敦一家向中小企业提供 POS 机及企业软件产品的金融科技公司，企业可以追踪各项销售和库存数据。——译者注

② Jumo 成立于 2014 年，是致力于提供小额贷款、储蓄和保险的金融科技公司。——译者注

除此之外，JUMO 是另一家在非洲大陆引起巨大轰动的金融科技公司，它具有为新兴市场的企业提供促进信贷和储蓄等数字金融服务的潜力。JUMO 允许新兴市场的客户获得金融服务，否则他们将难以获得，这意味着一些非洲的弱势群体越来越容易获得金融产品。

JUMO 所关注的是一个在发展中国家和新兴经济体中仍然相当普遍的主题，但金融科技正在成为解决方案的重要组成部分。

在新兴经济体的金融科技领域也有大量的创新。因此，在本章的这一部分中，我们将研究一些在发展中市场中特别挑战极限的公司的案例。

（7）BitPesa

BitPesa 是一家总部设在肯尼亚的公司，其提供加密货币交易平台，支持以太坊和瑞波等数字货币转换为更传统的非洲货币。这使得消费者和企业都更容易从撒哈拉以南非洲地区收发付款。

该公司还通过降低汇款费用的成本，使此类交易更容易进行。BitPesa 也在伦敦和拉各斯建立了办事处，被该地区的企业广泛采用，前景光明。

（8）WeLab

WeLab 是中国香港的一家初创企业，成立于 2013 年，是香港第一家点对点贷款平台。WeLab 允许用户从其他个人那里借到个人贷款，同时提供比传统银行更低的利率。WeLab 使这一过程尽可能简单，因为在线申请表和相对较短的评估过程是获得信贷的唯一障碍。WeLab 的创始人西蒙在花旗银行和渣打银行拥有商业银行业的经验，这种金融技术解决方案吸引了传统金融体系的专家，同时也吸引了一些最大的支持者。毫无疑问，我们将在未来几年看到更多这样的情况。

（9）ToneTag[①]

ToneTag 是一个出色的软件开发项目，它允许移动支付解决方案在店内使用声音或 NFC（近距离无线通信技术）启动店内支付购买活动。不像苹果支付，ToneTag 可以在任何智能手机或移动设备上工作，使其成为满足所有消费者的不同需求的解决方案。ToneTag 很可能是世界上最全面的移动支付系统，它已经与14 家不同公司的金融运营部门建立合作关系。这种创新的移动支付系统似乎将继续存在下去，特别是在一个移动支付系统将持续受欢迎的应用环境中。

（10）8 Securities

8 Securities 成立于中国香港，是亚洲最成功的金融科技公司之一，具有巨大的创新和开拓性。8 Securities 已经成为亚洲领先的移动交易和投资平台。它通过推出第一个以 8Now 的形式推出的机器人投资服务而实现了这一点，该服务使来自世界各地的消费者能够获得一个复杂的全球投资组合。

该公司已经拥有超过 8 亿美元的资产，8 Securities 已经拥有

---

① 　ToneTag 是位于印度班加罗尔的移动支付技术平台。——译者注

非常成功的业务，随着机器人咨询成为交易环境中更重要和可接受的一部分，预计将在未来几年实现增长。

（11）Kopo Kopo

Kopo Kopo 公司已在肯尼亚的金融科技解决方案中产生了重大影响。该公司基于网络的移动支付网关使中小企业的所有者能够通过各种电子方式接受移动支付。Kopo Kopo 公司还与 M-Pesa 等该地区的其他主要金融科技公司合作，并公开上市。这家肯尼亚金融科技公司每月产生数百万美元的交易，同时该公司还推出了创新的额外服务。其中一种品牌为"GROW"，使客户能够预付现金，借款人只需向该公司支付 1% 的无息费用。Kopo Kopo 已经与手机银行服务公司合作来扩大这项服务，并推出商户支付服务。随着大企业已经与 Kopo Kopo 合作，其将继续在移动支付和信贷方面的创新方式取得巨大进步。

（12）Crowdo

Crowdo 是一家服务于新加坡、马来西亚和其本土印度尼西亚的公司，在众筹领域开展了一些特别有趣的业务。Crowdo 提供了一系列众筹解决方案，包括股权众筹和同行贷款。Crowdo 成立于 2012 年，目前已发展成为最大的会员平台，拥有一个庞大的社区，现在超过 25 000 名成员。Crowdo 帮助人们在世界各地发起众筹，促进了来自全球 50 多个国家和地区的资金支持。在金融和技术领域拥有丰富经验的管理团队，也许将在众筹领域持续成长和创新。

（13）Lenddo

我们在本章前面提到了Lenddo，这是一个在相对较短的时间内迅速拓展的业务，并在菲律宾、哥伦比亚、纽约和印度设立了办事处。原因很简单——Lenddo开发了一种创新的算法，可以根据消费者的社交媒体表现来确定他们的信誉。这无疑是金融科技公司吸引千禧一代的理想方式，同时为他们提供了在其他方面可能无法获得的信贷。除了基本的信贷服务外，Lenddo还允许雇主快速验证雇员和申请人的信息。Lenddo仔细分析了其市场，从而优化了其对新兴市场的服务，而在这些新兴市场中，往往不存在额外的信用评分和抵押品体系。

随着Lenddo收获了它的荣誉和价值证明，银行、发卡机构、电信公司和点对点贷款机构已经开始关注，几个第三方现在与Lenddo合作。这项业务是机器学习和人工智能可以彻底改变金融科技领域的另一个例子，使初创公司能够做出令人惊叹的事情，进入更广泛的市场。

（14）ZoomCharts

拉脱维亚的ZoomCharts公司正在利用大数据做一些特别有趣的事情，他们开发了可视化软件，伴随着当代社会这一有趣的方面。ZoomCharts是一个具有高度交互性和响应性的软件包，它允许用户深入挖掘信息，识别出绝对必要的数据。事实证明，这对很多公司都非常有用，ZoomCharts已经与许多国家的公司建立了合作伙伴关系。

（15）IndiaLends[①]

IndiaLends 创建了一个在线市场，它将寻找低利率贷款的消费者和中小企业与寻求良好回报的投资者联系起来。IndiaLends 每月已经处理超过 1 万份贷款申请，IndiaLends 将上述客户相互关联起来建立良好的工作关系。IndiaLends 与 10 家金融机构合作，并在孟买、孟加罗尔和德里设立了办事处，正在逐步改变印度的金融环境。印度贷款公司在这一领域特别有创新性，通过使用数据分析和司法判决的组合来筛选潜在的借款人。这就创建了一个贷款产品的溢价列表，并不断更新，因为印度贷款公司是另一家金融科技公司在利用一系列的大数据、深度分析和机器学习算法。这有助于借款人获得更好的贷款，以及贷款人做出更知情的信用风险决定。印度贷款不仅被证明是成功的，而且主流供应商将越来越多地采用贷款和信贷领域。随着时间的推移，类似印度贷款的金融科技创新者将有很大可能成为主流提供商，提供一个吸引广泛借款人的模板。

三、总结

发展中国家在金融科技的发展中发挥着核心作用，即使它们不一定是开发先进技术的先驱。社会、政治、经济和文化因素正在结合在一起，以确保亚洲地区以超过西方国家的速度拥抱金融

---

① IndiaLends 是印度一家借贷科技创新企业。——译者注

科技；创新精神已经真正使其中一些新兴经济体感兴趣。随着金融科技的未来越来越光明，新兴经济体的初创企业也将在该行业的发展方向中发挥关键作用。

第六章

政府和金融科技中心

我注意到的金融科技领域最有趣的趋势之一是政府和监管机构影响国家金融科技活动的能力。大多数国家（包括英国或尼日利亚）反对传统基础设施和政策的金融科技公司，现在都在热情地接受与它们密切合作的潜力。这些公司依托传统金融机构广泛的用户基础来实现其业务增长和拓展技术创新的影响范围的目的，并非仅仅是为了确保生存。

趋势之二是各国政府一直热衷于推广金融科技行业。印度、芬兰和土耳其已经接受了金融科技初创企业，以支持它们在无现金进程中的支付中断。英国和新加坡等国的监管机构已经成立了独立的部门，通过金融科技公司促进创新。大多数国家都在其最具创新性的城市建立了金融科技中心，以确保这些中心能够获得技能、资源和资本。

在金融科技的早期，某些区域和金融科技中心（美国的硅谷和英国的老街）见证了金融科技最大规模的一次传播。然而，这种情况正在迅速发生变化，金融科技在世界各地的地理传播现在已经相当成功。

印度确实是研究中央政府和邦政府如何通过多个金融科技中心支持金融科技行业快速发展的最佳案例之一。全球金融科技研究平台 MEDICI 数据（2018 年）显示，在 2010 年至 2015 年期间，1216 家新金融科技公司在印度成立。2015 年，有 454 家初创企业在印度成立，而相比之下，同期只有 364 家初创企业在美国成立，这凸显了印度在这一时期的成功。这些中心并没有仅仅出现在印度最大的城市，如孟买和班加罗尔。它们现在分布在二级和三级城市，28 个邦都在推动自己的创新项目。如今，印度 15% 的金融科技初创公司分布于二级和三级城市，这些城市的人口从 200 万到 600 万不等。我出生的海滨小城市特里凡得鲁姆，现在是一个人工智能中心，拥有日产、联合国技术创新实验室、空客和菲纳斯特拉的全球研发中心。

随着金融科技在印度的发展，支付、贷款和投资平台正在稳步发展，以支持这些规模较小的初创企业。成功的初创企业包括为小型现金商户提供支持的 FTCash、ProfitBooks；提供简化的账单和支付软件以及小企业信贷支持的 FineTrain；以及为低收入家庭的学生提供金融贷款的 Shiksha。Kyash 专注于支付点网络和最低成本的支付网关。该公司提供了一个全自动和安全的系统，使商家能够通过 Pay2vpa、Pay2Account 和 KyashCode 等服务收集数字支付现金[1]。

---

[1]　Pay2vpa 是基于虚拟支付地址的服务。它允许用户在无须银行账户或信用卡的情况下进行数字支付。用户可以选择一个虚拟支付地址（VPA），例如 "username@pay2vpa"，无须提供其他信息。该服务可以通过安装支持 UPI（unified payments interface）的移动应用进行使用。Pay2Account 是通过链接用户的银行账户和手机号来进行数字支付的服务。用户不需要记住其他支付账户的密码或创建虚拟支付地址。通过激活服务，用户可以在安装支持 UPI 的移动应用程序上迅速进行数字支付。KyashCode 是一种使用二维码进行数字支付的服务。用户可以扫描商家的二维码进行付款。该服务也可以在支持 UPI 的移动应用程序上使用。用户可以将银行账户、虚拟支付地址和钱包余额链接到 Kyash 账户以进行数字支付。——译者注

支付网络现在在印度各地共享一套国家标准，与现有业务保持一致，并使收款更加安全和直接。马哈拉施特拉邦的政府和安得拉邦的政府也都参与了为金融科技谷的金融科技建立创新生态系统的战略。两地都特别强调了采用生态系统方法为创新和可持续商业创造环境的重要性。

以色列这个中东国家拥有 500 家公司，资金规模估计为 6 亿美元。支付已经成为该国最大的金融细分市场，支付公司在跨境支付方面取得了巨大成功，在点对点投资方面表现出色，而基金箱则在小企业的现金流管理中掀起了波澜。与此同时，以色列也出现了大量的金融科技中心，包括以色列的比特币大使馆。它促进了区块链的使用、开发和监管。特拉维夫社区空间的崛起也与金融科技初创企业有关，而 The Floor[1] 旨在将以色列金融科技行业与亚洲市场联系起来。B-Hive[2] 在 2017 年出现，连接了以色列和比利时的金融科技公司。

---

[1]　The Floor 是以色列的一家区块链创新公司，平台提供一种基于区块链技术的数字资产交易服务。该平台旨在创建一个安全、透明和高效的数字资产交易市场，为金融、证券和房地产等行业中的机构和个人提供服务。——译者注

[2]　B-Hive 是以色列政府的创新平台，旨在促进和支持本地创业企业和创新公司的发展。该平台集中于提供创业支持、创业孵化、投资机会和商业合作，以及与政府和学术机构的合作。B-Hive 主要面向中小型的高科技企业和科技初创企业，并从基础设施到技术、市场营销、法律和金融等方面给其提供支持和资源。——译者注

澳大利亚也在日益成为金融科技活动聚居地，其金融投资从2012年的5 300万美元迅速上升到2016年的6.75亿美元以上（纳坦尼，2018）。目前澳大利亚有近600家金融科技公司，其金融科技中心，如维多利亚时代的"码头棚"，正被用来汇集初创企业、投资者、企业和研究人员（库马尔，2018）。Stone&Chalk 是一个主要的金融科技中心，在悉尼和墨尔本都有业务，并与监管机构 ASIC、监管沙箱以及亚洲其他国家进行泛亚合作。

随着金融科技在全球范围内的持续发展，其他吸引了大量重要科技中心的地区包括新加坡、柏林、卢森堡、纽约和奥斯汀。中国有多个城市都是强大的金融科技中心，包括北京、上海、香港、杭州和成都。

一、怎样才算是一个好的金融科技中心？

影响一个地方成为金融科技中心的因素有很多，伯恩马克（Burnmark）（2018 年）确定了 5 个特别重要的因素。

第一个是政策环境。适合金融科技公司发展的政策环境指的是政策对沙箱、帮助台、资金援助和许可等倡议有明确的支持。对初创金融科技公司来说，获取资金尤为重要。招聘最优秀的人才也至关重要。实现这一目标的最佳途径之一是政策为金融科技初创企业和企业家提供税收优惠。一个良好的政策环境可以使金融科技公司迅速生根发芽。

影响金融科技公司的第二个主要因素是增长资本，它使创新公司能够满足其财务需求。它可以分为两个独立的部分：第一个部分是从天使投资者、HNIs 和政府那里获得的风险资本；第二个部分是从风投和科技企业那里获得的增长资本。

影响金融科技中心发展的第三个关键因素是投资于未来的技术人力资本。世界各地的实践已经证明，如果金融科技人才能得到有效培养，金融科技公司的数量将会激增。这意味着，金融技术公司能够从学术机构、科技公司和金融部门的参与者那里获得本地人才是至关重要的。国内劳动力可能不能满足金融科技领域创新者的所有需求，因此，公司有能力让海外人才获得签证至关重要。公司应确保有才能的人所做的事情能得到适当的奖励。这将使金融科技公司能够从全球银行、大型科技公司、《财富》500强公司等地方聘请专家。这对推动金融科技公司的成长至关重要。就人力资本而言，了解零售需求并关注互联网和智能手机的普及率、零售银行的生成和零售的精确性等对他们来讲是至关重要的。

金融科技公司的增长和金融科技中心的发展所需的第四个重要因素是持续的市场发展。了解和响应中小企业对金融产品和服务的需求是至关重要的。同样地，这也需要达到平衡以满足老牌金融机构的需求。了解银行部门的规模有助于为市场提供适当的传统金融基础设施，理解金融科技企业与银行的协作趋势将对金融科技中心的效率产生影响。

第五个主要因素是金融技术环境。一些独立于政府的支持性创新项目和加速器应当同步推进，使有才能的人能够进行创新实践。银行赞助的加速器尤其成功，而现有金融科技活动的频率和质量将对新兴技术在某一特定市场的成功产生巨大影响。

此外，笔者认为市场准入也应被视为至关重要的因素，因为金融科技中心的全球连通性将对一个国家成功进入这个领域至关重要。如果金融科技初创企业能够迅速地、毫无阻碍地进入外国市场，那么它们就更有可能取得成功。在经历过金融科技成功实践的各个国家中，独角兽企业被证明是必要的。该领域的先驱们不仅建立了知识库和人才库，也为其他初创企业提供了网络方面的专业知识。

二、成功的金融科技中心

也许成功的金融科技中心的两个最突出的例子是伦敦和新加坡，这两个地点的创新度飙升到了这个蓬勃发展的行业的前沿。它们在寻求金融科技行业最佳实践的深度研究方面都投入了大量的资金。

英格兰和威尔士特许会计师协会（ICAEW）和新加坡特许会计师协会的一份联合报告认为，一个地区促进金融科技成功所需的五个要素是市场、人才、资本、先进的监管和强有力的政府支持。这与伯恩马克的研究结果非常一致。新加坡已经能够表现出所有这些特征，同时也受益于"成熟和成功的金融服务业"（麦卡斯，2018）。

这两个地方的监管环境也有利于金融科技的发展。监管环境越来越被认为是金融科技中心能否成功的决定性因素。技术中心的实力与该行业内各个组织获取人才、资本的能力以及现行的促使金融技术公司繁荣发展的政策和法规的有效性直接相关。金融科技中心的强盛促进区域经济增长，政府从中获益，进而推动金融科技持续改革创新。

生态系统的各方都不能顺利运行会给小型金融科技初创企业带来难以想象的复杂性。如果没有监管机构的公开支持，那么金融科技公司在许可过程中所面临的漫长而复杂的程序有时可能会非常困难。许多初创企业对所涉及的过程知之甚少。在适当的时间框架内考虑和批准安全许可证可能是实现市场准备的一个关键因素。围绕客户和员工数据的安全和隐私，特别是考虑到像《通用数据保护条例》这样的新规定，初创企业遵循国家的法律很重要。

金融科技市场的参与者也在融资、合规经营、如何充分保护知识产权等方面遇到了问题。事实上，金融科技公司获得全球专利保护的过程可能极其复杂，但这一过程也经常被希望尽快建立自己市场地位的公司所忽视。虽然版权保护涵盖了计算机代码和视听功能等领域，但保护核心创新才是最重要的。这一直是一个模糊的领域，比如最高法院以公司的特定专利是抽象概念为理由，对公司进行的否定裁决。

三、政府该如何支持金融科技公司？

随着金融科技中心在世界各地的涌现，政府的支持变得越来越重要。虽然创造一个适于金融科技发展的立法环境依然困难重重，但令人欢欣鼓舞的是，越来越多的政府开始扶持金融科技公司，而不是阻碍它们的发展。

例如，英国政府发布了第一个金融科技行业战略项目，该项目的重点包括一个加密资产特别工作组、监管科技的进展和一个英国－澳大利亚初创企业的支持项目。时任财政大臣菲利普·哈蒙德表示，该项目将在可预见的未来为英国经济做出重大贡献。加密资产工作组由英国财政部、英国银行和金融市场行为监管局组成，这三个机构将负责审查与数字货币相关的问题，同时探寻利用区块链底层技术的好处。

虽然美国在参与金融科技革命方面的速度稍慢，但2018—2019 年的联邦预算确实为开放银行、数字身份项目、区块链和金融科技领域留出了 1.38 亿美元（杰西卡，2019）。由于美国有几家金融行业巨头，对金融科技的支持比其他一些类似经济体要慢一些，因此美国政府一直不愿透露有关立法支持的细节，至少在公开文件中是这样。金融科技对传统金融行业的冲击促使美国政府扶持金融科技公司的发展，从而确保金融科技领域的创新者充分发挥他们的潜力。

除此之外，中东的巴林政府已经成为金融科技领域的主要创新者之一。巴林政府已经实施了一系列有助于该国成为一个主要的金融科技中心的政策措施。基于此，沙特央行设立了一个专门的金融技术和创新部门，其中就包括监管沙箱。支持这一倡议的是巴林宣布全国云优先的政策。这为巴林宏阔的国家数字战略提供了基础。巴林政府还建立了巴林金融科技湾——金融科技公司的一站式商店。中东的其他国家现在也纷纷效仿，巴林是一个真正的金融科技创新的先驱。

我之前提到过，新加坡是金融科技革命中最重要的地区之一。新加坡政府尽一切努力支持金融科技的发展，包括移民政策，这也许不足为奇。欧洲银行和新加坡金融科技联盟之间的公私合作关系，在企业孵化和其他举措的帮助和推动下，为当地金融科技公司提供了实体合作空间。

随着金融科技席卷全球，大洋洲也出现了金融科技中心。澳大利亚的两个主要城市悉尼和墨尔本都在金融科技领域做出了巨大努力。维多利亚州政府呼吁"有经验的创新中心运营商"帮助政府在墨尔本建立一个金融科技中心，并与运营商进行谈判，以尽快启动（美国商业新闻网站 Business Insider，2018 年）。该中心旨在使企业与投资者建立联系，以优化墨尔本的金融科技生态系统。

东欧也出现了金融科技公司和金融中心的市场份额，爱沙尼亚政府一直是这些举措的早期支持者之一。爱沙尼亚政府支持了金融科技生态系统，使其能够通过电子 – 爱沙尼亚倡议等努力获得发展动能。这是一项公共部门的运动，目的是通过使用自动化的解决方案来帮助公民与国家互动。在该倡议下创建的电子服务包括电子投票、电子税委员会、电子商务、电子银行、电子票务、电子学校和在线大学教育等。爱沙尼亚金融科技创新最著名的例子可能是电子居住服务项目，该项目使非本地居民能够申请智能身份证并被授权访问在爱沙尼亚建立的各种电子服务。这使得爱沙尼亚在2014年成为世界上第一个为非本地居民提供电子居住服务的国家。芬兰的数字银行Holvi已经宣布与该项目建立合作伙伴关系，帮助其为电子居民提供数字商业银行业务。爱沙尼亚政府还创建了爱沙尼亚的金融科技初创企业，旨在支持当地的初创企业生态系统。它为金融科技初创企业提供培训项目，专注于教育当地投资者，帮助其吸引海外投资。

四、监管机构与金融技术公司的合作

在金融科技发展日益成熟的进程中，监管机构始终积极寻求助力金融科技发展的合作之路。英国、澳大利亚和中国等一些成功的金融科技市场的监管机构从早期就认识到建立更大、周期更长的沙箱的必要性。美国证券交易委员会（SEC）警告监管机构和金融科技机构之间潜在的亲密关系存在危险。因此，不同国家的监管和立法环境差异很大，但仍有不少国家的监管机构对金融科技公司抱有合作的态度，也推出了相应的政策。

国际证券委员会组织（IOSCO）在金融技术监管中发挥着越来越大的作用，欧洲证券监管机构、美国证券交易委员会和中国证券监督管理委员会的表现也很突出。金融科技的国际竞争将加剧各国之间的分歧，因此在各机构之间建立协调机制将变得越来越重要。2018 年的一份 IOSCO 报告发布后，IOSCO 同意创建金融科技网络，以促进信息、知识和经验的共享。联合监管和金融技术框架即将到来，建立更统一的国际监管环境成为各国的共同期盼。全球监管机构有望推动金融技术监管的国际化。

很多国家的监管机构表现出了与金融科技公司合作的意愿，其中包括法国监管机构与汽车金融公司（AMF）的合作。AMF 通过该合作确立了自己在业内制定规则的优势地位。与此同时，AMF 还通过与日本金融服务机构（FSA）等海外组织签订联合协议来展示自身的国际化视野。近年来，AMF 努力与法国商界进行沟通，推动金融科技公司的事业，支持并参加汇聚了数百名金融科技企业首席执行官和行业专家的巴黎金融科技论坛。2016 年，国际货币基金组织与法国审慎监管局（ACPR）联合成立了一个咨询机构。这个新的组织使金融科技公司的负责人和行业专家能够更清楚地了解金融创新的监管和监管挑战。

还有一个从监管机构和金融科技公司合作中受益的国家就是瑞典。瑞典政府使金融部门尽可能多地保持交易公平和各主体的权利平等。许多国际监管机构认为瑞典的金融科技监管框架成熟而全面。

美国货币监理署也已开始接受金融科技公司特许经营的申请，而沙特阿拉伯金融管理局则宣布，将为本地和国际金融科技公司建立一个沙箱监管环境，以测试新的数字解决方案。澳大利亚审慎监管局的框架也被视为该地区监管机构的一个模式。

参与金融科技行业并鼓励创新的尝试正在迅速涌现。美国的信用卡公司运通 2018 年发布的一份报告中指出，其已经与包括美国、英国、澳大利亚、新加坡和加拿大等国家的监管机构和金融科技公司签订了 30 多项合作协议。

尽管监管机构和专家警告说，这是一个高度复杂的过程。金融行为监管局战略和竞争执行董事克里斯托弗·伍拉德指出，"建立一个全球沙箱是一项巨大的事业，我们必须对手头的任务保持清醒"。金融科技的快速发展意味着，建立这样的监管标准并与行业同行将是一项艰巨的任务，即使对经验丰富的监管机构和行业专家来说也是如此。

五、监管框架

监管沙箱可能是监管机构在金融科技领域提出的最常见的举措，在很多情况下都帮助了金融科技的发展。沙箱尤其能帮助监管机构观察和掌握最优金融科技解决方案的边界。监管沙箱一直是鼓励和支持金融科技行业创新的一种方式，让那些感兴趣的金融科技公司可以随时获得数据和银行/监管接口（API）。通常情况下，这些金融科技公司是乐于接受监管的。

不过，需要注意的是，监管科技企业并不是沙箱环境的特别受欢迎的参与者，因为监管科技企业通常需要直接与银行合作，而不是通过监管渠道。尽管如此，也有一些成功的例子，比如基于分布式账本技术的身份识别公司 Tradle[①]（其 2017 年的 FCA 项目是最早聚焦于监管科技初创企业的项目之一）以及瑞士人工智能公司 nViso[②] 和人脸识别支付初创企业 Saffe[③]（李，2017）。

事实上，伯恩马克的研究表明，在亚洲，监管沙箱比全球其他任何地方更受监管机构的欢迎。过去几年，亚洲监管机构推出的监管沙箱占全球的 80%。这项研究还揭示了这样一个事实，即相对较少的监管科技公司目前处于监管沙箱中——目前只有 15%。沙箱主要为金融技术公司和在监管科技以外运营的受监管实体提供了环境。

然而，全球各地的监管机构都对监管科技持乐观态度，各种各样的监管机构都为这一概念投入了精力。一些监管机构与监管科技公司合作，帮助推进该空间的情况如下：

美国：货币监理署、证券交易委员会和 LabCFTC。

---

① Tradle 是一家区块链身份识别公司，成立于 2014 年，总部位于美国纽约州的纽约市。Tradle 利用区块链技术创建数字身份，以提高数字身份识别的安全性、隐私性和可管理性。公司的主要产品是 Tradle ID，一个可扩展的开源数字身份平台，允许用户创建、验证和共享数字身份。——译者注

② nViso 是一家总部位于瑞士的人工智能公司，成立于 2009 年。该公司主要专注于情感智能和人脸识别技术，为客户提供基于情感分析的生物特征解决方案。——译者注

③ Saffe 是一家成立于 2016 年的人脸识别支付初创企业，总部位于西班牙马德里。该公司提供基于人脸识别技术的支付解决方案，使用户只需通过轻轻一笑，便可完成交易。——译者注

英国：金融市场行为监管局。

澳大利亚：证券和投资委员会。

欧盟：欧洲证券和市场管理局。

德国：联邦金融监管局。

中国香港：证券及期货事务监察委员会。

新加坡：金融管理局。

立陶宛：立陶宛银行。

巴林：中央银行。

监管沙箱案例研究
——新加坡金融管理局（MAS）

东盟地区的经济日益繁荣。来自发达国家的资金量的逐日增加、金融市场自由化的程度高以及成熟的离岸银行业务，为新加坡成为亚洲金融中心和全球金融中心奠定了基础。新加坡拥有完善的基础设施、技能高超的人才和战略性的地理位置。然而，2016年全球金融科技投资较前一年下降了近50%，其中新加坡的跌幅最大，从6.05亿美元降至1.86亿美元。尽管新加坡是一个成熟的创新中心，但其几乎没有受到风险投资的影响。2014年，新加坡精心绘制了"智能国家"的宏伟蓝图。新加坡的智能金融中心是技术广泛应用于金融行业的智能国家路线图的一部分。2016年新加坡金融管理局引入监管沙箱是为金融技术成熟发展创建一个安全、受监管的生态系统，并培育金融科技实践和创新。它促进了金融机构和小型非金融机构在一个明确的空间和持续时间内试验创新的金融产品。监管机构的指导方针为与金融机构合作的快速评估项目提供了一个平台。监管沙箱的终极目标是提供一个安全、有利的金融科技实验的空间。通过这种实验，成功的金融科技应用实践在新加坡和其他国家和地区得到了更广泛的推广。

新加坡金融管理局实施了多种增强金融科技行业凝聚力的措施，以推进金融科技全行业的全面发展。监管沙箱的方法为金融技术实验和创新的扎根提供了一个有利的环境。金融科技创新实验室的成立是为了加强金融管理局、金融机构、创新者和技术人员之间的合作。金融科技创新村为初创企业提供了容身之处。金融科技创新村是用来增强金融包容度、创造就业机会和提高生活便利的金融转型工具。监管沙箱可以为开拓者开辟机会，改善新加坡人的生活质量。它还为企业创造了探索和试验新型商业模式的机会。

金融管理局的案例研究证明，监管沙箱有潜力使客户、金融科技初创企业、监管机构以及投资者受益。沙盒公司使合规和监管与金融科技创新的快速刺激相一致。银行、私人股本和风险投资基金等不同的参与者被吸引来获得投资。早期的创新往往被扼杀，失去机会。

监管方面的确定性反过来又提高了投资者的兴趣。作为一个调节器驱动的沙箱模型，它激发了投资者对创新者在开发颠覆性产品和服务时的合规能力的信心。金融科技公司可以与金融管理局合作，同时在市场测试他们的产品。客户的利益受到了保护，因为产品在商业实施之前在一个受控的环境中进行了测试。

六、监管技术

监管环境还有一个关键方面是基于监管端的监管科技（SupTech），也可称其为监管技术。监管机构可以直接与监管科技初创企业合作，开发市场监控解决方案。这表明创新者也在填补金融监管端这一空白。例如，Vizor[①] 开发了一项技术，使金融监管机构能够自动监控金融机构，以确定它们是否符合监管要求。Vizor 为几家央行，以及英格兰、加拿大、爱尔兰、沙特阿拉伯和其他十几个国家的监管机构提供服务。

监管机构选择直接与初创企业合作。在监管科技的第二阶段，监管机构，特别是那些拥有著名金融科技中心的地区，将成为它自己的重要用户。这与第一阶段不同，在第一阶段，除了通

---

① Vizor 成立于 2013 年，是总部位于美国旧金山的一家创建、发布和共享虚拟现实和增强现实内容的创新技术公司。——译者注

过加速器项目外，监管机构与监管科技企业的直接接触很少。

这将有利于监管机构，帮助它们应对监管挑战。监管科技将是这一过程的主要组成部分，它使监管机构能够在监管过程中采取数据驱动的方法，并从回顾性的方法转向前瞻性的方法。监管机构部署的监管科技还将允许他们采取更多信息驱动的监督方法，并有可能促进从回顾性审查到更具前瞻性的监管程序的转变。

七、政府在合作过程中的促进作用

政府也可以成为金融科技合作的催化剂，印度的阿达尔堆栈（简称为印度堆栈）就是这一过程的一个例子。建立印度堆栈是印度政府的一个重要倡议，旨在创建一个统一的软件平台，将印度人口带入数字时代。印度堆栈是一组应用程序接口，它允许政府、企业、初创企业和开发商利用一种独特的数字基础设施来解决这个问题。该网站指出，印度服务提供的难题是减少存在、无纸化和无现金服务（印度统计局，2016 年）。

印度政府打算将阿达尔作为数字经济的基础。该平台将为公民提供一系列数字服务。然而，该系统中的存储生物特征数据一直存在争议，尤其是西方国家需要更加敏感地对待。

八、基本技能的发展

正如我们在本章中所指出的，金融科技领域的决定性特征之一是它的快速发展。这对于任何行业来说都是不可避免的。这意味着，在金融科技领域工作的人将需要掌握"未来技能"。金融科技中心未来的人力资本技能将决定未来的利基，足够从事新兴技术的人才深度是任何金融科技中心的关键推动因素。

大多数金融技术解决方案的交付都涉及人工智能和区块链等未来的技术。当然，这些技术需要具体的技术知识和专门知识，因此，如果要使这一领域的倡议取得成功，相关人才就需要学习这些知识。构建这个知识库时还存在其他挑战。大多数金融科技公司会要求精简团队规模，这意味着雇用、培训和留住合适的人才至关重要。未来，熟练的技术人力资本可能是金融科技公司成功与失败的关键。

伯恩马克的研究表明，资深技术程序员是金融科技初创企业的核心。87% 的创始人认为，专注于技术开发的员工是整个员工队伍的核心。在金融科技领域，32% 的员工是程序员；在初创企业中，这一数字高达 67%。

印度在 STEM① 领域拥有极其丰富和强大的人才库，拥有 240 万名该领域的毕业生，其中包括 150 万工程专业的毕业生和 30 万名技术专业的硕士生。这为印度的金融科技初创企业创造了一个巨大的潜在员工池，并有助于解释为什么印度已经在这一领域做出了一定的成绩。

———————————

① STEM 是科学（science）、技术（technology）、工程（engineering）和数学（mathematics）的简称。——译者注

当伯恩马克调查金融科技公司时，71% 的受访者表示，缺乏掌握深度技术专业知识的员工是其发展的关键障碍，而 B2B 金融科技公司的这一数字上升至 81%。这一发现已被区块链领域的金融技术人员进一步证实，许多人承认程序员的可用性特别低。这就需要在该领域工作的技术人员从在该领域具有强大技能基础的地区招聘人才，如俄罗斯、波兰和硅谷。

留住熟练的技术人才对那些没有资金支持和创业的公司来说是一个重大挑战。毫无疑问，技术人才库非常有限。伯恩马克调查的受访者强调这是一个特别的挑战，特别是对获得 A 轮融资前的初创公司来说。63% 获得 A 轮融资前的金融科技公司认为，留住熟练的技术人才是一个值得重视的领域。

这意味着，教育将是金融科技革命的关键。咨询业务的负责人劳伦斯·温特梅耶指出，"激励下一代 STEM 教育、知识和研究将是未来装备和适应能力的劳动力的关键"。（创新金融技术加速器 YesFintech[①]，2018）：

重要的是，STEM 教育也要适应该行业不断变化的需求。精通数据分析、新时代编码和区块链编码和 Python 数据库管理等数据库管理技能越来越重要。因此，在 STEM 课程中包括这些内容，以及创建研发实验室来磨炼这些技能是很重要的。金融科技

---

① YesFintech 是印度 Yes Bank 推出的一项创新金融技术加速器计划，旨在支持和孵化初创公司和创新项目，提供技术、资金和市场等方面的支持，并推动印度金融科技领域的发展。——译者注

组织显然还需要更好地与学术界保持联系。此外，STEM、金融素养、创新和设计方面的教育也应该从学校早期阶段开始。

值得注意的是，成熟的公司将继续依赖该领域的互荐。金融科技行业的主要参与者正越来越多地利用数字渠道，但大多数人仍在很大程度上依赖于参考资料。伯恩马克研究中的 90% 的受访者来自金融科技公司或联合创始人的推荐，这意味着人才招聘仍然在很大程度上依赖于金融科技公司之间的互荐。

这意味着互荐在这个行业中有着特别的重要性。尽管如此，招聘方式也在逐渐成熟，77% 的初创企业和 83% 获得 A 轮融资的企业表示，就业门户网站和领英等在线渠道已成为他们首选的招聘来源。这个行业还在继续发展，所以这一趋势将会变得更加明显。

资金的筹措也仍然是一个主要问题。伯恩马克发现，71% 的预收入公司和 81% 的处于创意阶段的金融科技公司报告称其在筹集资金方面存在严重困难。当寻求概念验证资金时，这个问题会进一步升级。有趣的是，金融科技公司创始人的教育背景和经验似乎对融资过程有一定的影响，84% 的由研究生创办的初创企业能够相对容易地筹集到资金。这也适用于拥有超过 15 年工作经验的创始人。这意味着，新的金融科技进入者和初创企业将会发现融资过程更加困难。如果要支持新的想法和创新，情况就必须有所改变。

74% 的初创企业每年的烧钱额在 1 万至 5 万美元之间，而这些公司中只有 7% 是赢利的，这一事实凸显了一些金融科技公司的财务困境（经济时报，2018）。随着世界各地的管理者认识到金融科技的重要性和变革潜力，越来越多的资金正在涌入。但伯恩马克研究机构的受访者和行业专家都指出，获取资金的过程和标准可能依旧含糊不清。一些政府已经建立了旨在直接投资金融科技的基金，但支出仍然相对较低，部分原因可能是该行业的复杂性。

九、总结

金融科技中心在世界各地涌现。金融科技行业逐渐变得成熟。同时，金融科技公司仍面临着许多挑战，尤其是那些初创公司。

监管机构在试图帮助金融科技公司，但该行业的复杂性和快速发展的性质意味着它们也会面临很多挑战。金融科技公司和当局之间的合作不应被视为单向的，监管机构也需要金融科技公司的帮助。

第七章

金融科技板块正在发挥作用

20 世纪 80 年代，"金融科技"这个词首次出现在英国媒体上，2008 年金融危机后开始流行起来。2008 年至 2012 年，金融科技初创企业向客户提供产品和服务的方式与传统银行的瓦解和去中介化直接相关。

在金融科技的早期时代，大多数公众和专家都关注 B2C（企业对消费者）领域，如新银行、B2C 智能顾问、转账服务、数字经纪和 P2P 借贷公司。客户需要更快、更好的体验。

今天的金融科技是指任何利用创新技术提高效率，进行成本或流程创新的公司（包括大量不直接与消费者打交道的科技公司）。B2B 金融科技领域，如监管科技和 B2B 机器人咨询，直到 2017 年才受到很多关注。战略投资者和风险投资家明显缺乏对客户增长曲线的了解。目前，风险投资家对 B2B 金融科技的兴趣越来越大，这是由以下因素驱动的：

- 监管环境的转变。
- 银行和金融科技合作的加强。
- 金融科技行业需要更好、更强的收入模式。
- 商业模式的扩张 / 运转。
- 区块链、人工智能等技术的出现。

跨境 B2B 支付预计到 2022 年将超过 218 万亿美元，远高于 2018 年的 150 万亿美元（英国朱尼普研究公司，2018）。这种增长可以归功于颠覆性技术的出现，以及 B2B 跨境转让所提供的效率和透明度。

电子发票这种形式允许双方或多方以综合电子格式交换发票。根据电子发票研究机构比伦蒂斯（Billentis）的研究（Office Torque[①] 金融科技服务公司，2017），全球电子发票市场目前正在稳步增长，预计到 2024 年价值将达到 161 亿欧元。欧盟和美国从 2018 年开始强制要求使用电子发票，在监管压力的推动下促进了市场的增长。

B2C 金融科技与 B2B 金融科技相比，前者拥有更高的获客成本。B2C 金融科技虽然高度依赖风险投资的规模，但是他们对和用户相关的重要事件有着非常清晰的认识且能够快速有效地对市场产生影响。B2C 金融科技公司更容易实现创新，因为它们高度关注客户体验和从前端到后端的全流程改造。

B2B 金融科技虽然可以快速获得收入，但其可能严重依赖于传统银行或与企业的合作或融资。由于在大型银行中使用遗留系统和流程时通常面临着巨大的挑战，它们所产生的影响可能看起来微不足道。

例如，P2P 支付流程从开始到结束平均需要几个小时，因为

---

① Office Torque 是一家金融科技服务公司，可帮助组织显著提高营运资金、降低成本，并增强客户服务。该公司提供一系列电子发票和账单展示、在线支付和 AR 自动化工具以及完全集成的 FRM 解决方案。——译者注

它不依赖任何外部流程；B2B 支付流程从开始到结束可能需要 90 天，因为它需要发生多个相互依赖的过程。

　　一些金融科技公司甚至正在从 B2C 模式转向 B2B 模式。英国抵押贷款科技初创公司 Burrow 就是这样一家公司。Burrow 在 2016 年以 B2C 起步，但在 2018 年决定转向 B2B，并将向经纪商和抵押贷款网络提供技术。Burrow 将其转向归因于高昂的客户获取成本和漫长的销售周期，并评论说，"单位经济效益并没有增加"，这表明金融科技行业在客户获取和成本控制方面面临严峻的挑战（奥希尔，2018 年）。

　　让新客户使用新的金融产品成本是相当高昂的，获得单个客户的成本从 150 美元到 350 美元不等。直到最近，挑战者银行的收购成本还在 5 美元到 50 美元之间，但由于竞争的激烈和大量挑战者的退出，预计在地域相同、目标客户群体相似的领域这一成本将大幅增加。B2C 初创企业通过与大品牌合作和使用创造性内容营销，已经找到了降低获客成本的方法。B2B 的获客成本因细分市场而异，但大多数投资者和专家都认为 B2B 的获客成本要比 B2C 低得多。

一、众筹

　　众筹虽然不是金融科技的一部分，但被广泛认为是金融科技革命的重要先驱，是采用不通过传统渠道的方式创建的首个 P2P

融资的脱媒模式。Kickstarter[①]等众筹网站的成功和影响力让一些金融科技网站获得了客户信任和投资。

众筹是通过从很多不同的人那里筹集少量资金来资助一个项目的实践。众筹商业模式由以下三个参与者组成。

● 项目提议者：这些人是企业背后的大脑，负责为需要资金的项目提供蓝图或想法。

● 潜在投资者：这些人对风险投资感兴趣，愿意为这个想法投资。

● 互联网平台：这是将项目提议者和潜在投资者聚集在一起启动项目的媒介。

根据商业模式，众筹市场分为以下几个部分：

● P2P 借贷。

● 奖励资金。

● 股权投资。

● 捐赠。

● 混合型融资。

● 专利方式融资。

● 其他类型的融资。

"众筹"这个术语只与有形产品的融资联系在一起，但股权众筹正成为一种吸引初创企业和中小企业的融资方式。根据年

---

① Kickstarter 是一个于 2009 年在美国纽约成立、最初基于美国人后来拓展至各国的产品募资平台。——译者注

度众筹行业报告，2015 年全球股权总额达到 25.6 亿美元的峰值（加尔凯维奇，2018 年）。2017 年，全球有超过 120 亿美元投资于股权或奖励型众筹项目，预计未来 5 年收入增长 32%。

二、支付

与其他产品相比，数字支付服务相对简单，这使得专注于支付的金融科技公司更容易以更低的成本迅速获得客户。专注于支付的金融科技公司也能够在创新和采用新的支付能力方面得到发展。

智能手机的巨大市场渗透推动了移动钱包的创新，这使得消费者能够通过手机进行支付。根据 Forrester[①] 的移动支付预测，P2P 移动支付正处于增长势头，预计到 2021 年，仅在美国就将增长到近 2 820 亿美元（帕里西，2017）。移动支付领域的一些主要参与者包括三星支付、安卓支付、谷歌钱包和贝宝。汇款的成本仍然很高，大多数支付领域的初创企业都希望通过使用实时支付和数字货币解决方案来降低成本。在批发和企业支付领域，替代金融、供应链金融和加密货币采用方面的创新最多。

---

① 一家独立的技术和市场研究公司，针对技术给业务和客户所带来的影响提供务实和具有前瞻性的建议。——译者注

三、贷款

传统上，放贷者主要是信贷数据提供商、银行和个人退休账户保管人。然而，近年来，P2P 消费者和企业贷款已成为金融科技领域的一个重要趋势。P2P 借贷金融科技使个人和企业能够相互借贷。那些拥有高效结构的银行为贷款人和借款人提供低利率的贷款和更高效的贷款流程。这些金融科技公司和银行的区别在于，金融科技公司不参与贷款。相反，他们在借款人和贷款人之间扮演媒人的角色，并为自己收取一小笔费用。借贷金融科技的一个典型例子是总部位于英国的贷方 Zopa[①]，该贷方成立于 2005 年。其他大型借贷金融科技公司包括美国的 Prosper Marketplace[②] 和 2006 年成立的借贷俱乐部 Lending Club[③]。

安永的数据显示，截至 2016 年年底，全球共有 1 300 多家借贷金融科技公司。实际这个数字可能更高，星展银行的数据显示，仅在 2015 年，中国就有超过 2 000 家 P2P 网络借贷平台（森德，2015）。

自 21 世纪初第一家 P2P 借贷金融科技公司出现以来，借贷金融科技公司的商业模式逐渐在发生变化。早期的公司被称为

---

① 是一家英国金融服务公司，2005 年成为世界上第一家网络借贷公司，后来获得银行牌照。——译者注

② 美国一家 P2P 互联网借贷平台。——译者注

③ 美国一家 P2P 互联网借贷平台。——译者注

P2P 贷款机构，因为它们的商业模式涉及使用技术将借款人与散户投资者直接配对。然而，随着企业向对冲基金公司、银行和资产管理公司等机构投资者推销贷款，它们的资金来源更多了，这个市场就发生了变化。P2P 贷款机构被重新贴上了市场的标签，拥有包括抵押贷款、学生贷款、销售点融资和其他消费者分期付款债务等多种贷款类型。小企业也成为金融科技贷款机构关注的一个领域。他们利用技术为小企业量身定制贷款套餐和还款条款。贷款金融科技的主要特点是利用互联网和新兴的数据分析技术，通过简化贷款审批流程、融资流程和贷款延期来改善客户体验。客户可以在申请贷款时以电子方式提供所有支持信息。

到 2018 年年底，欧盟另类贷款的增长预计为 28 亿欧元，同比增长 73%。然而，最强劲的增长来自房地产和消费者领域，预计增长率分别为 102% 和 79%（Brismo[1]，2018）。从 2014 年到 2017 年，中国的 P2P 贷款达到了 1.2 万亿元（1 850 亿美元），年复合增长率为 128%，分别占零售和信用卡贷款的 3% 和 21%，中国 P2P 借贷市场成为世界上最大的市场（星展银行，2018）。

四、机器人理财

机器人咨询是数字解决方案在资产和财富管理领域的一个快速发展的应用。机器人顾问具有用户友好和自动化的流程、低成

---

[1]　贷款业绩数据的市场提供商。——译者注

本的投资组合管理和可靠的性能，使其对传统的财务顾问服务构成了威胁。它将技术应用在数字客户上，这是提供便利和提高效率的关键一步。他们主要投资于交易所交易基金（ETF），以提供多元化和低成本的投资解决方案。

在全球金融危机爆发后，机器人顾问首次出现，其是金融经理用来管理和平衡客户资产的在线接口。根据 CB-Insights（2017）的数据，2012 年第一季度至 2017 年第一季度，私人智能投顾平台在全球范围内通过 119 项股权投资，筹集了超过 13.2 亿美元的资金。美国以 57% 的交易领先，其次是德国、英国和中国。2018 年，机器人顾问部门的资产达到 4 019 亿美元。预计这些数字将以 37% 的年增长率增长，到 2022 年达到约 1.4 万亿美元。

机器人顾问的下一个大目标似乎是退休资产（尤其是在美国和中国，中国的退休资产预计将超过美国）以及"千禧一代"的投资者，他们将继承婴儿潮一代①30 万亿美元的潜在资产。然而，机器人顾问需要提供可持续发展、清洁能源和具有社会影响力的投资策略，以留住新一代的投资者。包括 Motif Investing② 和 Wahed Invest③ 在内的一个机器人顾问团队正在开发符合投资者社

---

① 特指美国第二次世界大战后的"4664"现象，即从 1946 年到 1964 年的 18 年间出生人口暴增，新生婴儿的数量高达 7 600 万人，这一群体被统称为"婴儿潮一代"。——译者注

② 美国的一家基于主题投资的在线社交券商。——译者注

③ 是位于纽约市的美国金融技术和服务公司。——译者注

会环境或经济价值观的低费用投资产品。由于 2008—2009 年全球金融危机后，很多初创企业都不信任银行，因此，它们很容易在年轻投资者中建立信誉。低费用和更好的数字界面进一步激励了这些年轻投资者。

五、监管科技

监管科技旨在提供可配置的、易于集成的、可靠的、安全的和具有成本效益的监管解决方案技术。全球金融危机期间，世界各地的银行都被强加了大量新的监管规定，被要求聘用几名合规官员。这些改革增加了金融部门在合规、报告和监管要求方面的挑战和成本。这些监管方面的挑战促使企业加快步伐，提供更高效的技术支持和解决方案，监管科技公司应运而生。自 2008 年以来，监管科技公司已经为监管报告、风险管理、了解你的客户（KYC）、客户引导、合规监测和欺诈检测提供了解决方案。2013年至 2018 年，监管科技公司通过大约 680 笔股权投资筹集了超过 62 亿美元的资金。截至 2018 年 7 月，全球有超过 800 家监管科技初创公司。从 2010 年到 2018 年，各个监管科技领域的玩家数量增长情况如下：

● 合规率：增长 23%。

● 风险管理：增长 23%。

● 金融犯罪：增长 13%。

● 身份管理：增长 7%。

● 合规支持：增长 6%。

六、保险科技

保险科技是可以改变保险业务的各种新兴技术和创新业务模式。保险科技在 2011 年开始崛起，并经历了短暂的增长势头。2015 年，由于大型交易的波动性，它的势头逐渐减弱。然而，在 2017 年，朝着更大规模交易的明显转变再次推动了增长趋势。在短短一年的时间里，超过 80 亿美元被投资于保险科技初创公司众安，这预示了未来的发展趋势（严，2016）。

七、区块链作为效率促进器

区块链是一个公共登记册，在同一个网络中，两个用户之间的交易会以一个安全、可验证和永久的方式被储存。交易数据会被保存在分层系统中相互连接的加密块中。这种数据存储模式创建了一个无限的数据块链（区块链），允许客户跟踪和验证客户进行的所有交易。因此，区块链的主要功能是验证用户之间的交易。

区块链可以通过消除记录保存所需的大量资源来节省资金，而且它有可能以自互联网出现以来从未见过的方式颠覆信息技术。区块链架构使用户能够为他们进行的交易创建不可更改的记录。金融科技公司可以使用区块链技术实现最重要的安全性、增强的信息验证和快速交易验证。

　　传统的支付和结算过程效率低下，因为每个组织都要存储自己的数据，而且必须与其他组织进行沟通以实现对账目的。区块链技术使数据共享成为可能，减少了立即和解的需求。采用该技术可以促进高效和有效的清算和结算过程。

　　Sentbe[①] 等金融科技公司的出现，将 P2P 小额支付的成本降低了 60% 至 80%。跨境小额支付仍由西联汇款（Western Union）和速汇金（MoneyGram）等大型公司控制，这些公司会收取高额交易费用。区块链技术可以降低交易成本，同时减少清算时间。全球金融科技区块链市场规模预计将从 2018 年的 3.703 亿美元增长到 2023 年的 62 亿美元，年复合增长率为 75.9%。

八、人工智能是金融科技的支柱

　　人工智能是一种计算机的能力，可以做一些通常只有人类才能做的事情，如模式识别、推理和语音。它还指机器的"学习"能力。人工智能的主要类型如下。

- 认知自动化：来自深度领域的自动化任务特定专业知识。
- 认知参与：专注于与人创造个性化参与的认知技术。
- 认知洞察力：从各种数据流中提取概念，生成相关的个性

---

① 　一家金融科技公司，利用区块链为菲律宾、越南和越南的外国工人提供小规模的海外汇款服务。——译者注

化答案。

机器学习是人工智能的一个子集，专注于计算机的自适应和学习能力，无须明确编程。机器学习使计算机能够在暴露于新数据时改变其算法，擅长处理重复函数、处理大数据，并检测模式中的异常。

人工智能出现于 20 世纪 50 年代，经历了两次繁荣周期和两次幻灭周期。其中一个幻灭周期从 20 世纪 90 年代一直持续到最近，但我们现在正进入一个新的繁荣时期。2017 年，人工智能金融科技领域价值 12.7 亿美元，预计到 2023 年将达到 72.8 亿美元。2018—2023 年的年复合增长率为 33.8%（Business Wire 商业通信，2018）。人工智能的一些应用将是可解释性预测、网络安全威胁的早期检测和遏制、视觉识别和验证，以及更像人类的聊天机器人。机器学习在金融领域的应用包括数字顾问、证券和欺诈检测、承销、客户服务、情绪分析等。

数据分析是人工智能的核心，具有风险评估、欺诈检测等功能，可以更好地为客户创造价值。财富管理行业是大数据分析的大用户之一。客户获取、客户保留、客户体验和客户服务都是可以通过大数据分析得到显著改善的流程。

世界上大多数银行已经开始使用人工智能和机器学习技术和工具以改善面向客户的前端体验，以及降低成本和构建新的能力连接后端系统。例如：

● 美国银行：2018 年向客户推出虚拟聊天机器人助手，为客户提供全天候的财务指导。

● 摩根大通：推出了一项合同情报计划，以减少贷款服务失误。这种 ML 技术将节省大约 36 万小时的人力工作。

● 富国银行：2017 年发布了一款人工智能驱动的聊天机器人，可以向客户传递信息，帮助他们做出更好的财务决策。

● 苏格兰皇家银行：使用自动化的人工智能驱动的贷款流程，在不到 45 分钟的时间可以审批高达 270 万美元的商业房地产贷款。

九、API 是金融科技的基石

API 是一组形式化的命令，允许软件应用程序之间无缝通信。API 允许创新应用程序利用现有服务来创建以客户为中心的服务。它们通过支持快速响应的应用程序开发，帮助金融机构创建以客户为中心的计划。

使用 API 作为构建块来构建应用程序越来越被认为是应对金融行业面临的业务和经济挑战的最佳方式。金融科技初创企业开发的移动应用对现有银行业的应用构成了严峻挑战，导致这些初创企业主导了整个行业。占主导地位的银行和金融机构无法复制金融科技初创企业在 API 的帮助下创新的敏捷性和速度。这迫使银行开始进行追赶，在参与开发人员沙箱和 API 经济的同时，加大投资力度，提高开发创新移动应用的能力。

十、安全和认证对金融科技必不可少

在全球 24 亿贫困人口中，有 15 亿人无法向正规的金融机构证明自己的身份，由此产生了与这一庞大的全球"隐形"人口建立联系的需求（全球金融科技研究平台，2018）。生物识别技术的使用是解决这个问题的方法，它使生物识别市场能够在未来几年经历大幅增长。据估计，到 2021 年，安全认证的市场规模将达到 300 亿美元，主要收入来源将从政府部门转移到银行（全球金融科技研究平台，2016）。

生物识别技术在金融服务行业得到了最广泛的应用，指纹登录已成为访问个人手机银行账户更普遍、更安全的方式。三星和西班牙对外银行在 2016 年推出了虹膜扫描功能，让其客户可以通过三星智能手机的显示器登录该银行的移动银行应用程序，从而将生物识别技术提升了一个层次。其他采用生物识别技术的大公司包括 Visa 和万事达（Mastercard）。Visa 将生物识别技术置于其安全路线图的核心位置，万事达的目标是确保每一位客户在未来几年内都能获得生物识别认证服务。

生物识别技术包括：

- 语音识别。

- 指纹识别。

- atm 虹膜扫描仪。

- 手掌静脉识别。

英国的 TSB 银行是世界上最早使用虹膜扫描而不是密码的

银行之一。这项服务于 2017 年 9 月推出。在美国，富国银行和其他 30 家较小的地区性银行和信用合作社正在将生物识别技术作为安全措施。亚洲也没有落在后面，印度 DCB 银行使用虹膜扫描技术帮助农村客户认证客户身份。万事达卡的目标是创建使用指纹扫描来验证交易的指纹卡。

十一、即将到来的创新

量子计算利用量子力学的定律来进行复杂的数据操作。传统计算机使用二进制 1 或 0 来表示比特，而量子计算利用被称为量子位的量子比特。它们可以被解读为 1 或 0，也可以同时被解读为 0 和 1，通过在计算过程中创建快捷方式，在能力上超越了传统计算机。多年来，银行业的技术领袖们对量子计算表现出了浓厚的兴趣，这种兴趣现在正转变为参与。据 IBM 称，摩根大通计划探索量子计算领域，将其用于交易策略、资产定价、投资组合优化和风险分析（卡斯特兰诺，2019 年）。2017 年 3 月，谷歌宣布了其具有 72 量子位的晶片设计。同年 11 月，IBM 还成功测试了一款 50 量子位量子计算机。虽然量子计算在未来几年内不太可能成为主流，但它将增强以下方面：

- 财务数据建模。
- 人工智能 / 机器学习。
- 高频交易（HFT）。
- 复杂金融衍生品定价。

- 投资组合优化（蒙特卡罗模拟）。

- 数据和通信安全。

- 欺诈和风险分析。

Visa 在 2016 年证明了增强现实的概念，这是技术如何改变我们购物方式的一个有趣例子。尽管增强现实技术仍然是一个相对较新的技术，我们可以期待看到它被应用在以下方面。

- 数据可视化。

- 金融学习。

- 优化客户服务。

- 新的付款机会。

案例专栏：重要的金融科技代表性企业（截至 2018 年 6 月）

蚂蚁金服：1 500 亿美元估值

总部位于杭州的蚂蚁金服原名支付宝，是中国阿里巴巴集团的子公司。在 2018 年 6 月一轮 140 亿美元的融资中，它成为全球估值最高的金融科技公司和最有价值的初创企业。

Adyen：200 亿美元估值

这是一家总部位于阿姆斯特丹的全球支付公司，允许企业接受电子商务、移动和 POS 机支付。它的一些最大的客户是 Netflix、Facebook 和 Spotify。他们已经筹集了 2.66 亿美元的资金，并在 2018 年 6 月成功进行了 IPO 上市。

陆金所：185 亿美元估值

总部位于上海的陆金所是中国最大的在线 P2P 贷款公司之

一，筹集了 17 亿美元的资金。

Paytm：100 亿美元估值

Paytm 是印度一家电子商务支付系统和数字钱包公司，目前已筹集资金 19 亿美元。

Stripe：92 亿美元估值

Stripe 是一家在线支付平台，已经吸引了埃隆·马斯克（Elon Musk）、皮尔·泰尔（Peer Thiel）、美国运通和 Visa 的投资，总额达 4.5 亿美元。

Robinhood：56 亿美元估值

这是一个基于门洛的免费股票交易应用程序。Robinhood 在 2018 年 5 月完成了 D 轮融资，筹集了 3.63 亿美元。它总共筹集了 5.39 亿美元。

Credit Karma：40 亿美元估值

这是一家位于旧金山的免费在线信用报告提供商。他们已经筹集了 8.68 亿美元的资金。

奥斯卡健康：32 亿美元估值

一家纽约的数字保险初创公司。他们已经筹集了 8.925 亿美元的资金。

与之前美国主导金融科技公司市值的情况不同，如今市值最高的五家初创公司中，一家来自美国，两家来自中国，另一家来自欧洲，还有一家来自印度。

第八章

B2B 金融科技

我们已经看到了金融科技的巨大转变。金融科技革命从早期的 B2C 模式转向 B2B 模式的主要原因是 B2C 模式的高客户获取成本。从被视为银行业的敌人，到与银行业合作，以确保提供更好的客户服务，金融科技公司经历了非常大的演变。金融科技公司和银行之间提升的合作比例是过去几年 B2B 金融科技公司指数增长的主要贡献者。例如，近年来，转向 B2B 市场的欧洲金融科技公司的数量一直在增长。大多数欧洲 B2B 金融科技公司专注于为之前被忽视的客户提供更好的服务，如中小企业、自由职业者和学生。这是一群快速增长的客户群体，他们没有从银行获得特别优惠或客户服务。

尤其对于小企业来说，自 B2B 支付金融科技出现以来，它们的所有支付流程都得到了简化。B2B 金融科技之所以有望成为金融科技行业最重要的部分，有以下几个原因：

● B2B 金融科技围绕的是成本、控制、资本和合规等重要的市场驱动因素，这使得 B2B 金融科技公司成为价值链各个方面的关键参与者。

● B2B 金融科技公司主要为银行和其他主要金融机构提供创新的技术解决方案。这些解决方案反过来又使这些金融机构能够为他们的客户提供更好、更优质的服务，同时也大大降低了成本。

● B2B 金融科技的融资预计将从天使融资转向后期融资。这种转变（从 2017 年开始）是该领域日趋成熟的迹象之一（毕马威，2018）。

近年来，金融科技公司越来越多地通过合作伙伴关系与银行合作，为银行业提供创新的解决方案。根据麦肯锡（McKinsey）对前 100 家银行的一项调查，前 100 家银行中有 52% 与金融科技公司保持着积极的合作关系。银行和金融科技公司合作伙伴关系的主要增长动力之一是客户推荐。另一项针对 600 家金融科技公司的调查显示，B2B 金融科技公司的份额已从 2011 年的 34% 上升至 2015 年的 47%。

金融科技在零售银行中的作用是提供一个覆盖所有行业的服务生态系统，包括数字供应链、虚拟市场和 B2B 云服务。金融科技公司可以通过 B2B 平台为零售银行业提供这些服务，该平台利用的是深度智能和嵌入日常生活的完全个性化和可访问的全渠道。有趣的是，B2C 金融科技在中国吸引了大量关注，尽管 B2B 主导了金融科技融资，而且中国 102 亿美元的金融科技投资中有 89% 进入了 B2B 领域（范，2017）。这可能是由于中国 B2C 领域有大量未开发的机会，B2B 企业需要高资本和先进的技术专长。中国金融科技公司之所以推迟从 B2B 市场转向 B2C 市场，也是因为中国的金融科技革命比西方国家的金融科技革命晚了几年。

一、B2B 金融科技的特点

B2B 金融科技更专注于为其他业务提供解决方案，而不是直接向终端消费者提供这些解决方案。B2B 金融科技可以解决企业在运营和服务交付中面临的问题，因此终端消费者得以受益于 B2B 金融科技。目前，B2B 金融科技公司正在填补银行从中小企业贷款等领域撤出带来的空白，并利用大数据分析来改善信用评估流程。B2B 金融科技公司补充了传统金融机构的解决方案，使后台流程更高效，具有可持续和可扩展的特点。

B2B 金融科技的主要类别如下：

- 贸易融资。
- B2B 支付。
- 银行即服务。
- 现金管理。
- 中小企业融资。
- 税务和会计技术。
- 交易。
- 监管科技。
- B2B 机器人理财。
- B2B 保险科技。
- 法律技术。
- 电子发票。

二、协作的案例

根据研究和分析公司 SG Analytics 的数据，全球有超过 5 000

家在 B2B 金融科技领域运营的初创企业。如今，绝大多数 B2B 初创企业都在为银行提供解决方案，以降低成本、提高流程和运营效率，以及助其使用技术来自动完成重复的任务和操作。

自 2014 年以来，银行已经改变了对金融科技公司的态度，开始将它们视为合作伙伴而不是竞争对手。金融科技公司和银行之间进行大量合作以支持金融科技行业，其中的颠覆是由初创企业和银行通过关注特定用例共同推动的。一些重要的银行与金融科技公司合作的例子如下。

一是交银国际和香港智能金融科技有限公司①（FDT–AI）。交银国际是中国交通银行（Bank of Communications）的分支机构。他们与总部位于香港的金融科技公司 FDT–AI 合作，根据银行客户过去的交易进行个性化、智能化的投资研究。这种合作关系旨在为银行的每位客户提供量身定制的投资建议。

二是印度工业信贷投资银行（ICICI Bank）和第三方支付平台 Paytm②。印度工业信贷投资银行是印度最大的私人银行，而 Paytm 是印度最大的电子支付平台。这两家巨头合作并在 Paytm 应用程序上推出了一个名为 Paytm-ICICI Bank Postpaid 的联合数字信用账户。Paytm-ICICI Bank Postpaid 为客户提供即时小额信贷，并使用 ICICI 的一种算法，通过客户的金融行为，可以在几

① 一家专注于人工智能、大数据和行为金融学技术研发的香港智能金融科技服务公司。——译者注

② Paytm 是第三方支付的电子商务公司。——译者注

秒内确定客户的信誉征信状况。由于这个银行－金融科技合作伙伴关系，印度工业信贷投资银行的客户现在可以为日常支出获得即时小额贷款，无论是用于支付账单还是电影票。

　　三是荷兰国际集团集团和Scalable Capital[①]。荷兰国际集团是一家跨国金融服务和银行公司，与欧洲领先的在线机器人咨询和财富管理公司 Scalable Capital 合作，为荷兰国际集团的客户创造数字投资解决方案。不过，这项服务目前只面向荷兰国际集团在德国的零售客户，希望以后能扩大市场客户覆盖面。荷兰国际集团的客户可以在不到 15 分钟的时间内完成快速、无纸化的注册，并至少投资 1 万欧元（约合人民币 6 300 万元）即可启动。Scalable Capital 和荷兰国际集团的移动应用程序都能让客户轻松地从手机上追踪投资组合，而在线门户网站则能轻松地在电脑上监控投资组合。

　　四是Kabbage[②]和加拿大丰业银行[③]，万事达[④]和桑坦德银行[⑤]。

---

① 一家在线金融投资交易经纪平台。——译者注

② 是一家位于美国佐治亚州亚特兰大市的在线金融技术公司。该公司通过自动借贷平台直接向小企业和消费者提供资金。——译者注

③ 是一家加拿大的商业银行，在全球 55 个国家均有业务。按市值计算，丰业银行为加拿大第三大银行。——译者注

④ 万事达卡公司是一个由超过 25 000 个金融机构会员组成的在美国纽约证券交易所上市的股份有限公司。——译者注

⑤ 前身为主权银行，是西班牙桑坦德集团的全资子公司。它位于波士顿，其主要市场在美国东北部。——译者注

Kabbage 是一家总部设在美国的在线贷款机构。它已与加拿大丰业银行、万事达和桑坦德银行等大型银行合作，以简化其核心放贷功能的各个方面。它们与丰业银行的合作旨在简化在线贷款流程。丰业银行的客户可以在几分钟内申请最高 10 万美元的贷款。这种合作关系能够在整个贷款期间自动实现贷款的办理、服务、承保和监控。Kabbage 与万事达的合作伙伴关系通过万事达的收购网络为中小企业提供了一种简化的贷款选择。这种伙伴关系为中小企业提供了一种方便和灵活的方式来获得营运资金贷款。

五是摩根大通和数字资产控股公司。摩根大通已与数字资产控股公司（Digital Asset Holdings）合作开展区块链试点项目，旨在提高交易流程的效率和成本效益。总部位于纽约的 Digital Asset[1] 寻求使用私人或许可的区块链技术，来简化银团贷款、美国财政部回购、外汇、证券结算和衍生品流程。

银行创业伙伴关系的其他例子如下：

道明银行 + nCino [2]——实现从开始到结束的全消费贷款流程的数字化。

---

① 是美国的一家区块链技术公司，主要为金融资产提供结算和分类式账本两种服务。——译者注

② nCino 是一家成立于 2011 年的金融技术公司。它的总部位于北卡罗来纳州的威尔明顿。——译者注

星展银行 + MoolahSense[1]——提供"点对点"贷款产品，以更好地服务于小企业。

花旗 + CF2O[2]——提供端到端的贸易融资解决方案，其中包括一套应付账款解决方案中的动态贴现。

KeyBank + AvidXchange[3]——提供软件即服务解决方案，并将其作为 KeyBank 资金管理平台的一部分，取代纸质发票。

很明显，银行正在越来越多地接受金融科技公司围绕数字化创新的解决方案，无论是新产品还是更快的数字化。金融科技不仅允许银行利用应用程序接口为客户创建个性化的解决方案和便捷的交付服务，还使银行能够减少冗长的文书工作，并通过数字 KYC（了解你的客户）流程加快贷款审批和办理。观察诸多银行与金融科技公司合作获得的增益，就很容易看到这一趋势正在迅速加快。传统银行正将合作视为竞争和未来生存的基本手段。

通过合作解决使用问题的不仅仅有银行和金融科技企业，还出现了几个银行财团，他们专注于为共同的跨境问题寻找联合解决方案。这里有几个涉及区块链技术以及多家银行一起完成支付和贷款的例子。

---

[1]　一家新加坡 P2P 借贷机构。——译者注

[2]　一家提供端到端贸易融资解决方案的金融科技公司。——译者注

[3]　美国的一家自动化支付解决方案的提供商。——译者注

一是西太平洋银行和澳新银行。澳新银行一直在使用区块链技术来将商业地产租赁的银行担保流程数字化。2017 年 7月，澳新银行与西太平洋银行、国际商业机器公司和西田集团（Westfield）旗下的购物中心运营商（Scentre Group）合作，利用这项技术替代原先的纸质银行担保文件（澳大利亚金融科技新闻编辑室，2017）。

二是摩根大通、澳新银行和加拿大皇家银行（RBC）。2017年 10 月，摩根大通与加拿大皇家银行和澳大利亚澳新银行合作，推出了使用区块链技术的新的支付处理网络。银行间信息网络使支付更快地到达受益人手中，步骤更少，安全性更高。

三是西班牙对外银行和英德拉（Indra）。从谈判到文件签署，西班牙对外银行成功完成了首笔使用区块链技术的全球企业贷款交易。该试点项目还利用西班牙对外银行开发的解决方案完成了一笔 7500 万欧元的贷款。

四是西班牙对外银行和英德拉之间的谈判过程和完成条件是基于一个建立在私有区块链技术上的内部解决方案。一旦合同达成一致，以太坊测试网络 / 测试链就被用来注册与交易文档相关的哈希或唯一标识符。

三、监管科技

监管科技，或监管技术，是 B2B 金融科技领域最大的子领域之一。尽管 2015 年有几家公司将"监管科技"称为"金融科技领域的新流行词"，但它早在 2010 年就已经作为一个独立的、专业的领域存在了。一些最早成立的监管科技初创公司目前正在进行后期风投或收购。在过去的几年里，这个领域已经明显成熟起来，吸引了银行、供应商、服务公司和监管机构在内的大量关注。

监管科技包括四种类型的产品，主要针对零售银行和企业银行、投资银行、保险公司和财富管理公司：

- 合规性。
- 风险管理。
- 金融犯罪。
- 了解客户和新员工培训。

监管合规性产品帮助金融机构实现所有方面的法律合规和合规报告，通常侧重于降低成本。它们提供监管方面的情报，可以提高报告能力以及政策处理和治理的能力。

监管科技公司的风险管理产品专注于帮助金融机构识别市场风险、行为风险和网络风险。他们使用外部数据（来自市场）和内部数据（来自公司内部）来识别潜在的威胁，并保护公司免受任何惩罚或避免恶性问题。

监管科技公司的"金融犯罪"产品可以帮助机构识别欺诈、洗钱、市场滥用、恐怖主义融资和其他犯罪活动。

监管科技公司的了解客户、身份识别和贷款办理的技术已经取得了长足的进步，并与上面列出的所有产品紧密集成。这些监管科技公司使用生物特征和面部识别技术来提供更快更好的

KYC（了解你的客户），或通过更快的 AML（反洗钱）筛查来提高客户信用评估和授信效率。

2009 年至 2014 年，银行业改革期间，印度监管机构公布了5 万多份文件，是前五年公布文件数量的 5 倍。金融机构要想继续经营并避免巨额罚款，需要遵守一系列监管规定，这只是个开始。

根据汤森路透（Thomson Reuters）的数据，在 2008 年至2015 年期间，全球监管规模增加了 492%（Nonninger，2017）。麦肯锡的数据显示，2010 年至 2014 年，美国和欧盟 20 家主要银行的监管罚款也增加了 45 倍，导致专注于治理、合规和风险管理的员工数量增加了 10%~15%（Mindtree[1]，2018）。政府和监管机构加大审查力度，并没有让金融机构的处境变得更好。根据不断变化和不断增加的法规，监管科技已成为金融行业不可或缺的一部分。在监管科技出现之前，合规的成本十分高昂，尤其是对大型银行而言，其中一些银行每年花费数百万美元来保持完全合规。违规行为代价高昂，不遵守规定的金融机构会被处以重罚。

一些监管科技初创企业可以使用大数据验证客户的详细信息和信用情况，而不会违反任何隐私法规。他们还可以监控客户行为并标记任何可疑的东西。如果没有该技术，完成这些行为可能

---

① 印度的跨国信息技术服务和咨询公司，总部位于班加罗尔。——译者注

需要更长时间。监管科技还可以通过跟踪员工的通信和监控客户行为来发现洗钱和内幕交易等违规行为。这有助于金融机构保持廉洁，避免处罚，尤其是在监管机构非常希望能根除洗钱和其他金融犯罪的情况下。

除了帮助银行跟踪法规并保持合规，监管科技解决方案还可以构筑网络安全屏障。在过去的几年里，网络犯罪一直在稳步增长，金融机构和加密货币交易平台是头号目标。根据英国监管机构的数据，2017年该国针对金融机构的网络攻击比2016年增加了80%。这使得金融机构必须保护自己和客户免受日益迫近的威胁（伊斯梅尔，2018）。监管科技可以提供尖端的网络安全技术，使金融机构能在合规范围内运行，同时能让其了解所有新出现的法规。

金融机构和金融科技公司之间的合作日益紧密，为监管科技初创公司通过吸纳更多金融机构扩展业务创造了有利的氛围。过去几年，政府对监管科技的认可和接受度也有所提高。一个很好的例子是澳大利亚新南威尔士州政府在2018年初通过赞助计划支持该国的监管科技行业。英国监管机构也在监管科技上投入了大量资源，开展项目、运营沙箱，并与监管科技初创企业直接合作，以提高监管效率。

目前有超过550家初创企业专注于监管科技领域。其中大部分是合规初创企业，其次是身份管理和风险管理初创企业。然而，预计初创企业数量增长最快的将是监管科技集团旗下的一小部分初创企业，其中包括专注于合规支持和围绕合规与监管报告的外围服务的初创企业。

　　图 8.1 显示了针对监管科技公司的调查结果和针对他们的目标市场和建议的业务利益的反馈。

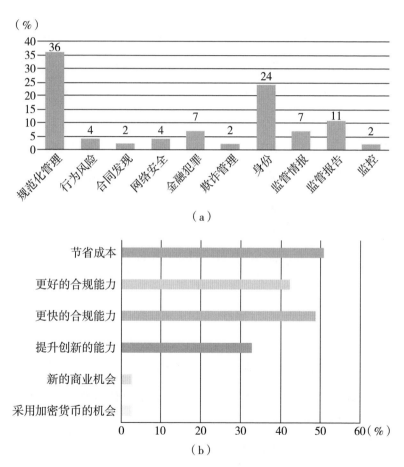

（a）

（b）

图 8.1　针对监管科技公司目标市场和业务类型的调查结果

［资料来源：金融科技研究公司伯恩马克（2018）］

四、监管科技 2.0

在监管科技的第一阶段，即 2010—2016 年，初创公司更多地会关注于推动合规用例的技术，而不太熟悉整体法规上的细微差别。

在监管科技的第二阶段（我喜欢称之为监管科技 2.0），监管科技初创企业有望与银行、监管机构和领域专家进行更多合作，以展示用例，而不是技术案例。

这些初创企业以前所未有的方式处理数据。该领域的数据收集、监测、分析和报告已经演变成一个全新的行业。这主要是由大数据技术和更广泛的金融科技生态系统发展推动的。

全球监管机构和中央银行的市场也在努力应对海量数据和加强对银行业新进入者的监管。随着对先进技术的使用，政策制定、执行和监督的整个生命周期被颠覆的时机已然成熟。初创企业需要耐心应对国有机构的官僚作风和更长的销售周期，还需要增加对监管机构潜在目标的了解，并明确展示他们的解决方案如何能帮助监管机构的管理者做得更好。

凭借过去的经验和来自世界各地监管机构和政府的有力支持，监管科技 2.0 正处于一个转折点，以技术为动力，走向高效和有效的合规新时代。

五、监管科技使用的技术

监管科技将颠覆性技术与法规相结合，为金融机构的合规提供了有效和高效的方法。监管科技是一个使用技术手段使一些手工过程自动化，同时消除冗余程序的过程。它们会使用不同的技术。要使解决方案有效，它们就必须确保所使用的技术是基于云的。监管科技目前主要使用的一些技术包括机器学习、人工智能和区块链。最流行的底层技术是数据分析，数据集越大，分析就会越准确和人性化，基于技术的监管和合规用例的结果质量就会越好。这适用于监管科技的所有部门，从 KYC 报告到欺诈、犯罪和合规报告。监管科技公司还广泛采用支持人工智能的技术（机器学习），以模仿人类行为的合规方面，例如自动化保密协议和检查法律术语。

像区块链这样的分布式账本技术（DLT）在他们的解决方案中所涉及的要少得多，但这有望成为一个巨大的新兴领域。对于提供分布式账本解决方案的公司来说，最流行的用例是数字身份和合规解决方案。根据 2018 年伯恩马克的报告，20% 拥有分布式账本技术的公司提供网络安全解决方案（Goldfinch，2018）。

图 8.2 显示了在伯恩马克的一项调查中，监管科技公司不同技术的使用百分比。

监管沙箱是监管机构在金融科技领域最常见的举措之一，可以帮助他们成功地观察和理解金融科技解决方案的边界。这是鼓励和支持行业创新的一种方式，让金融科技公司（主要是那些对

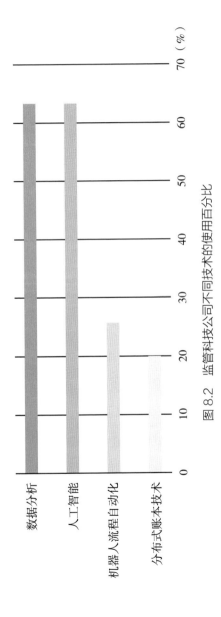

图 8.2　监管科技公司不同技术的使用百分比

监管感兴趣的主体）随时可以获得数据和银行／监管的应用程序接口。

　　监管科技在沙箱领域并不受欢迎，因为它们倾向于直接与银行合作，而不是通过监管渠道。第一家进入英国金融行为监管局监管沙箱的监管科技公司是 Tradle。这是一家基于分布式账本技术的身份识别公司。进入英国金融行为监管局 2017 年测试项目的企业更多，比如 nViso 和 safe，以及亚洲各地监管机构的 2017 年的沙箱试验项目。事实上，亚洲推出的监管沙箱数量最多——80% 的沙箱在新加坡、阿联酋、印度尼西亚、马来西亚和巴林等亚洲国家。

　　以监管机构为主导的 SupTech[①] 是监管科技的另一个子领域——在监管科技 2.0 时期，它已经成为一个重要的创新领域。特别是在拥有金融科技中心的地区，它已成为监管科技解决方案的客户和重要用户（不像在 1.0 阶段，除了通过加速器和监管沙箱外，监管科技的直接参与很少）。SupTech 是监管科技的新兴部门，可以使监管机构采取数据驱动的方法进行监管，并从回顾性的监管方法转变为前瞻性的监管方法（伯恩马克，2018）。监管机构部署的监管科技技术将使他们能够采用驱动的数据和预测方法进行监管，并可能促进从回顾性审查到更有前瞻性的监管方法的转变。

---

① Supervision Technology，简称 SupTech，是基于监管端的监管科技，是监管科技的一个分支。——译者注

六、优秀监管科技公司案例

（1）监管报告

ABIDE financial

Abide Financial 是一家成立于 2013 年的英国监管科技初创公司。为数据处理和向相关机构分发监管报告提供解决方案。Abide Financial 的目标行业是金融行业。

BearingPoint 毕博管理咨询

毕博管理咨询总部位于荷兰，为保险公司、银行和金融服务提供商提供专门的解决方案。公司成立于 2002 年，目标行业为金融行业。

FUNDSQUARE 基金广场

这家卢森堡的监管科技公司成立于 2013 年，专门为金融行业提供订单管理和信息服务解决方案。

（2）风险管理

AYASDI 阿亚斯迪

AYASDI 是一家美国监管科技公司，帮助金融机构使用热点数据分析和机器学习进行监管合规。该公司成立于 2008 年。

FEATURESPACE 特色空间

FEATURESPACE 是一家成立于 2008 年的英国金融科技公司。该公司使用机器学习来实时数据监控监测和检测欺诈和风险。

FINTELLIX 芬泰利克斯

这家印度监管科技公司成立于 2006 年，专注于为金融行业提供风险和合规服务和产品。

FINANSTRA 菲纳斯

FINANSTRA 是一家相当新的监管科技公司，提供管理盈利能力、流动性和风险的软件解决方案。我们之所以说它相当新，是因为它创始于 2017 年，但它已经具备了令人印象深刻的增长水平。这家公司的总部设在英国。

（3）身份管理和控制

ACTIMIZE

ACTIMIZE 成立于 1999 年，是一家美国监管科技公司，提供合规和风险解决方案，以及反金融犯罪解决方案。

JUMIO

JUMIO 是一家总部位于美国的监管科技公司，成立于 2010 年。他们的主要业务重点是生物面部识别、文件验证和身份验证的安全性和身份识别。

ENCOMPASS

ENCOMPASS 是一家为金融机构和会计师提供 KYC 软件服务的英国公司。公司成立于 2012 年。

（4）合规

Compliance Solutions Strategies

这是一家美国公司，成立于 2016 年，提供涵盖合规学科的解决方案，例如监管数据管理、监管报告、分析和合规。

CUBE

CUBE 是一家总部位于英国的监管科技公司，提供风险评估解决方案，并进行监管合规观察。创始于 2012 年。

DARKTRACE

DARKTRACE 是一个企业安全系统，它使用机器学习和人工智能来检测之前未知的威胁，并对它们作出回应。它成立于 2013 年，总部设在英国。

（5）事务监控

IDENTITYMIND GLOBAL

这是一家总部位于美国的风险管理解决方案公司，帮助跟踪每笔交易中涉及的所有各方。它成立于 2011 年，主要专注于支付和转账行业。

NEUROWARE

NEUROWARE 是一家马来西亚监管科技公司，处理分布式账本和区块链解决方案。公司成立于 2014 年。

第九章

金融科技领域的合作模式

几经起伏，跌跌撞撞，金融科技在强大稳定的金融生态系统的支持下逐步走向成熟。在此过程中，金融科技与其他领域的协同配合起到了至关重要的驱动作用。最早的协同配合出现在银行与金融科技公司之间。近年来，随着金融科技的蓬勃发展，其他机构也纷纷加入其中，参与识别和部署金融科技的各相关方数量显著增加。

一、银行与金融科技公司合作模式（Bank-fintech）

这是金融科技领域最常见的合作模式，也是现有的金融机构期望从金融科技领域分一杯羹的具体实践。随着越来越多的传统银行选择与金融科技公司合作，我们可以做一个积极的预设，在未来几年这种合作模式将进一步发展壮大。

根据凯捷咨询公司（CapGemini，2018）的一份报告显示，91% 的银行高管表示愿意与金融科技公司达成合作，86% 的银行高管表示与金融科技公司缺乏合作将损害银行的整体业务。从该报告中我们不难看出传统金融机构对金融科技公司的高度重视。尽管越来越多的人认识到传统银行与金融科技企业的合作是有价值的，但少有人注意到合作类型与性质的重要性。并非银行的所有业务都可与金融科技企业合作，也并非所有的金融科技企业都适合与银行合作。金融科技领域的合作需要满足所有利益相关者的特定需求，并与每个参与者的战略业务目标和财务目标保持一致。

　　银行与金融科技企业合作的达成不单是基于银行自身需求的单方面"拉动"，同时也要归功于若干外部监管的多方面"推动"，是内外部共同作用的结果。正如欧洲新修订的《支付服务指令》（PSD2）和英国最新的开放银行标准，这些新规鼓励参与合作的各方之间共享数据，以此激励银行与金融科技公司建立合作关系。除外部激励外，在银行内部，有近一半的高管认为与金融科技公司合作有助于降低运营成本。正因受内外的多重激励，众多传统银行与金融科技企业才能达成合作。

　　银行面临的一个挑战是受平台化的影响（Finastra[①]，2018）。在银行与金融科技的合作中，供应商和消费者通过平台进行接触、互动、创造和交换价值。相较于传统模式，高效、便捷的平台化合作模式更有利于实现参与方的互利互惠。但银行的平台化在实践的过程中却存在不小的阻力。搭建一个全新的能够快速实现平台化的银行金融科技生态系统肯定会带来后续的一系列问题。将银行业务转变为线上业务，并持续追踪线上平台系统内的服务，本身就是一件棘手且具有争议的事情。但平台化对银行和金融科技企业的好处显而易见，尤其是在新法规和新标准出台的

————————————

① 　一家金融科技企业、金融服务软件和云解决方案供应商，其目标是帮助各大机构提升效率和竞争力，促进金融服务业的转型。——译者注

背景下，这种好处只会有增无减。

现如今，常见的银行与金融科技企业合作模式包括收购、种子投资、金融科技加速器项目、应用程序接口和联合提供产品或服务。

（1）银行的金融科技加速器项目

银行和金融科技公司之间最初的合作模式是银行推出的金融科技加速器项目。在此项目中，银行每年会选择 10~20 家他们认为是业内最具创新性的初创企业，对其进行观察、学习，甚至将企业项目进行整合。参与该项目的初创企业有时也会获得银行提供的少量种子投资。

经过几年的调查研究，笔者发现银行的金融科技加速器项目更青睐专注于贷款、大数据的分析与利用、支付 / 汇款和现金管理领域的金融科技公司。银行选择该金融科技公司的标准似乎是后者具备高创新水平，而非将其成果作为产品或渠道融入银行的能力之中。因此，在每个金融科技加速器项目中都有大量 B2B 和 B2C 公司。

（2）银行兼并金融科技公司

银行直接收购金融科技初创企业虽不像金融科技加速器项目和种子投资那样常见，但也有不少创新整合案例。根据 CB Insights（2018）的研究发现，2017 年银行收购金融科技公司的数量远超往年。该报告进一步指出，美国前十大银行已收购的 18 家金融科技初创公司中有 8 家企业的收购是在 2017 年完成的。

笔者印象最深的收购是 2014 年西班牙对外银行收购 Simple

公司。这则收购消息彻底改变了我在金融科技领域的职业道路，让我从一个银行界没有人注意到的行业的早期观察者，转变为一个刚写出有关金融科技对金融服务行业威胁的文章时就有一家全球性银行有勇气和能力来实际投资它的行家。这让大多数银行"坐"了起来，开始关注当时"弱小的"金融科技领域。

其他银行收购金融科技公司的案例见表9.1。

表9.1　部分银行收购金融科技公司的案例

年份	案例
2015 年	美国第一资本金融公司收购 Level Money
2016 年	Ally Bank[①] 收购 TradeKing BBVA 收购 Holvi BBVA 收购 Openpay BPCE 收购 Fidor Bank 高盛集团收购 Honest Dollar
2017 年	法国巴黎银行收购 Compte-Nickel 瑞士瑞信银行收购 Tradeplus24 高盛集团收购 Financeit
2018 年	德意志银行收购 Quantiguous 荷兰国际集团收购 Lendico 法国兴业银行收购 Lumo

（3）银行与金融科技公司联合提供产品或服务

传统银行和金融科技公司之间还有一个合作模式是联合提供

---

① Ally Bank 的前身是通用汽车金融公司，后来演变为一家以直营银行为主的银行控股公司。——译者注

产品或服务的进入市场合作（go-to-market partnerships）。传统银行认识到，金融科技公司的研发效率要高得多，在市场上推出新产品的速度也要快得多。因此，与金融科技公司达成合作是银行推出新的数字产品、获取新客户的重要方式。在合作中，银行可以接触到超出自身能力范围的知识、了解最新的技术走向、提升自身使用和分析数据的能力，并可找到能够帮助改进银行现有商业模式的颠覆性科技。

金融科技公司也乐于建立这种合作伙伴关系，以便借鉴银行在流程、安全指南、监管知识和金融市场规模方面数百年或数十年的经验。

美国市民银行（Citizens Bank）和小企业借贷平台 Fundation 的合作是一个非常典型的案例。美国市民银行是一家总部位于美国的银行，而 Fundation 是一家帮助美国市民银行建立了数字贷款业务的金融科技初创企业。两家机构合作的目的是改善美国市民银行现有客户的客户体验、提升信贷交付效率。为帮助银行为客户提供更便利、快捷的信贷服务，Fundation 创建了一个应用程序。银行客户可以将他们的网上银行信贷信息放到该应用程序上，该应用程序也会从各种第三方渠道收集银行客户的信贷信息。当然，这些信贷信息也会被反馈给客户，以便客户申辩。Fundation 的平台还能够进行信用检查和制定其他与银行信贷业务相关的策略。这有望演变为全渠道优化体验，在客户有需要时，银行可以随时随地通过多种方式为客户提供服务。

第二个有趣的合作案例是德国商业银行（Commerzbank）和

德国的一家数字身份验证平台 IDnow 之间的合作。德国商业银行向金融科技公司提出了一个与欧盟法规有关的要求。欧盟法律要求银行客户亲自向银行核实身份，这就导致了客户在银行外无法注册（至少对大多数银行来说是如此）。为了解决这个问题，IDnow 为德国商业银行提供了一个解决方案，帮助银行通过视频的方式验证客户身份。用户在计算机或移动设备上完成确认客户身份后就无须进入线下银行。该系统的推出，不仅方便了用户，也为德国商业银行创造了巨额利润，并直接导致银行的业务量增加了 50%。

第三个案例是西班牙班基亚银行（Bankia）和西班牙的一家账户汇总提供商 Eurobits 公司之间的合作。班基亚银行是西班牙的大型商业银行，在 2010 年由 7 家地区性金融储蓄银行合并而成。班基亚银行管理了 3.3 万家中小企业的账户，在开具发票和结算成本等业务方面的效率很低，经常会导致企业间交易付款的延迟。为了解决这一问题，Eurobits 创建了一个账户整合平台。通过该平台，用户可以轻松地在多个银行服务提供商的账户间进行支付和管理活动。与 Eurobits 合作后，班基亚银行将所有发票业务转移到新的电子系统中，几乎实现了银行票据业务的无纸化。因为几乎所有的发票都是在电子领域开具的，所以班基亚银行发送发票的成本实现了大幅度降低。班基亚银行也注意到，新系统使发送每张发票的成本节省了 2.50 欧元，向数千个账户发送发票则相当于省下数百万欧元。此外，班基亚银行还将与发票相关的付款期限缩短至 10 天，确保所有相关人员的付款流程更加顺畅。

银行与金融科技企业的合作还有很多正在进行中。例如，汇丰银行认为，它与美国的一家电子发票公司 Tradeshift 的合作将对解决全球 46 万亿美元的应收账款问题做出巨大的贡献。

荷兰开发银行（FMO）与非洲的金融科技公司以金融为导向的合作不仅为促进非洲的金融科技企业的创新，更旨在通过合作提升非洲一些贫穷国家的金融包容性。2017 年 7 月，爱康金融普惠中心（The Center for Financial Inclusion）和国际金融研究所（The Institute of International Finance）联合发布了一份报告，研究了金融机构和金融科技公司在金融包容方面的合作方式。该报告得出的结论是，"如果金融机构能够继续向金融科技公司学习，并且这种关系能够继续互惠互利，我们将看到促进金融包容的合作关系的光明前景"。

（4）应用程序接口

金融科技公司和银行之间的最后一种合作模式是利用门户网站创建应用程序接口。已有几家银行参与开发这些一站式门户网站，包括开发者 API。

API 将支持第三方应用程序与银行系统的互联，从而为客户提供全新的优化体验。通过 API 创建的独特的 B2B、B2C 和 B2E 商业模式，不仅方便了用户也能为银行提供便利。API 提供了一种标准化、自主化和智能化的客户体验，将会改变整个银行业的形态，尤其是银行在零售和客户服务领域的形态。

这种具有多种功能的新应用程序生态系统对银行业带来了

深远影响。高盛集团首席执行官劳埃德·布兰克费恩（Lloyd Blankfein）将这类银行描述为"科技公司"（布鲁克，2015）。这也为一些银行指明了在金融科技革命后的总体发展方向。

二、金融科技公司与金融科技公司合作模式（Fintech‐fintech）

出于扩大市场或优化产品等目的，金融科技公司之间也会进行互惠合作。

虽然 B2B 金融科技公司间总是相互竞争，争夺传统银行这块"蛋糕"，但它们之间也存在着巨大的能够提升彼此效率和竞争力的合作潜力。通过有效的合作，金融科技公司间可以互相分享技能和知识，扩大市场和生产规模，研发出更高性能的优质产品，顺利打入全球市场，发展 API 合作伙伴关系，并提升自身整体运营效率和商业竞争力。

BaaS（Banking-as-a-Service，即"银行即服务[①]"）就是金融科技企业间合作共赢的有效证明。BaaS 平台提供商通过提供预先准备好的产品和牌照，为初创企业进入市场提供便利。对于参与 BaaS、希望为消费者带来新产品和服务的金融科技公司而

[①] "银行即服务"是利用现有持牌银行的安全和受监管的基础设施以及现代的应用程序接口驱动的平台，以服务的形式提供完整的银行业务流程。——译者注

言，他们可以与银行的 API 项目合作，进而从白标 BaaS 平台提供商处"借用"产品来提升其服务。这种合作方式通常更快、更容易、成本效益更高且更全面。但这就意味着金融科技企业不再需要传统银行提供的基础金融支持和基础设施帮助。德国的 Solaris 银行、英国的 Starling 银行、美国的 Green Dot[①] 和 Cross River Bank 都是 BaaS 平台的提供商，它们与作为 BaaS 参与者的金融科技公司和非金融科技公司进行密切合作，向市场提供银行的服务。

这一领域还出现了金融数据整合的问题解决方案。如 Salt Edge 和 Yolt 之间的合作，其智能货币应用和 API 的组合让消费者能够接触到全球 3000 多家银行。还有一些有意思的 B2B 市场解决方案正在出现。Mambu 就是一个突出的例子，Mambu 可以与 SaaS 引擎结合，提供各种本地化和全球化的解决方案。

英国的一家在线转账支付平台 CurrencyCloud 在起步时就实现了高市场渗透率，并与几家在线银行建立了合作关系。其与 FidorBank 的合作大幅度降低了客户的外汇成本，从而导致 FidorBank 的客户群增加了近 60%（Currencycloud，2015）。移动银行 Monese 与 CurrencyCloud 的合作，大大降低了 Monese 的支付费用，并致使其外汇成本降低了 10 倍。CurrencyCloud 与英国数字银行巨头 Revolut 合作，因每笔外汇交易可以节省约 40 欧元，

[①] 一家来自美国加州的金融科技公司，旨在为美国企业和消费者提供基于零售的金融服务和资金管理解决方案。——译者注

吸引了 16 万新客户使用其应用程序（CurrencyCloud，2015）。这是一个伟大的案例研究，展示了一个更广泛的金融科技生态系统是如何通过成功的合作形成完整的产品组合的。

金融科技公司间合作的另一个领域是数字身份领域，其中一个例子是 Avoka 和 Trulio 的合作。该合作提供了数字身份验证的解决方案，使银行能够以更灵活的方式满足合规要求。

随着金融科技领域的发展，政府机构也将越来越多地投资于金融科技技术，例如 2007 年法国金融创新中心投资培育的产业集群项目。该项目涵盖 140 多家公司和银行、300 多家金融科技公司和中小企业，以及 30 家学术机构，旨在帮助法国金融业发展创新。该项目致使法国在 11 年的时间里启动了 2000 多个创新项目，其中 600 个获得了金融科技领域的认证。2005 年至 2016 年，1681 个合作研发项目总共获得了 68 亿欧元的公共融资。面对一个复杂且快速变化的世界，这种合作让金融科技领域的潜力得以尽情发挥。

除政府投资产业集群项目外，其他地区也在积极探索其他方式。在斯堪的纳维亚半岛，Nets 建立了金融科技联盟，为该行业的发展提供了金融基础设施。Nets 是由 240 家主要北欧银行、30 万北欧商户和电子商户以及 24 万家私营和公共部门公司组成的主要网络（GlobeNewsWire，2016）。Nets 的建立促成了金融科技初创公司间广泛的合作，使之形成了广泛的战略伙伴关系。该组织还与北欧地区的其他类似组织（Copenhagen Fintech，IT–Branchen，IKT Norge 以及 Fintech Factory）建立了联盟关系。

金融科技公司间的合作并不仅限发生在发达经济体之间。在非洲，金融科技公司也会通过合作来帮助金融基础设施尚处于初级阶段地区的跨订单支付业务的完善。

其中一个例子是肯尼亚最大贷款机构的全资子公司——Finserve Africa（一家支付公司）。Finserve Africa 与中国第三方支付平台支付宝以及腾讯控股的微信签署了合作协议。完成这些后，Finserve Africa 便将其收购的技术运用于其建立的商户聚合平台上，从而为该平台用户提供支付服务。

上述提及的 BaaS 平台、产业集群项目等合作枢纽不仅在推动金融科技公司与金融科技公司合作方面发挥了巨大作用，在扶持"弱小的"金融科技公司、帮助扩大金融科技生态系统方面也有着重要意义。

三、监管机构与金融科技公司合作模式（Regulator‑fintech）

随着监管机构开始了解金融科技行业并与之合作，监管机构与金融科技公司的合作水平已经超过了笔者在 21 世纪 10 年代早期的设想。在金融科技公司成立初期，双方的对话主要围绕金融科技公司将如何受到监管以及监管机构该为挑战者银行颁发什么样的牌照展开。但现如今，面对更广泛的金融市场所带来的挑战，越来越多的监管机构和监管者与金融科技公司开展密切合作，以找到降低市场风险和改进报告方式的解决方案。

为了给金融科技公司测试新产品和服务提供一个安全可控的环境，英国金融行为监管局首创"监管沙箱"制度。英国的"监管沙箱"制度使英国在金融科技监管举措方面处于世界领先地位。现如今，已有95家公司参与了四个沙箱实验。在这些公司中，90%的公司的市场规模得以扩大，而超过40%的公司在沙箱过程中获得了投资，这些数据都说明了这项政策的成功（CrowdFund Insider[①]，2019）。

英国金融行为管理局开始向海外地区推广其监管沙箱模式，宣布与11家外国金融监管机构建立合作伙伴关系，成立了全球金融创新网络联盟（GFIN）。

GFIN的成员包括阿布扎比全球市场（ADGM）、澳大利亚证券与投资委员会、魁北克州金融监管局、美国消费者金融保护局、巴林中央银行、世界银行扶贫协商小组、迪拜金融服务管理局、英国金融行为管理局、格恩西金融服务委员会、香港金融管理局、新加坡金融管理局、安大略省证券委员会。

在组建GFIN时，英国金融行为管理局曾表示希望各成员能够做到以下几点。

作为监管机构的网络，在各自市场（包括新兴技术和商业模式）开展合作并分享创新经验。

---

① 一个新闻、信息网站、提供范围广泛、行业领先的各类观点，涵盖包括众筹、P2P借贷等其他形式的金融科技在内的全球新兴金融行业资讯。——译者注

提供一个可进行讨论和执行联合政策的平台。

为企业提供一个试验解决跨境问题的环境。

英国金融行为管理局是 GFIN 中最活跃的监管机构，目前有几个项目正在运作。英国金融行为管理局在其监管手册中整合搜索和标记功能，构建基于人工智能的智能前端顾问，旨在自动指导其申请人。它还提出要确保监管规则的可编程性，使监管机构的监管要求能直接反映在金融机构持有的数据上。这将为今后自动和直接处理法定申报表的出现创造条件。

2018 年 8 月，亚利桑那州成为美国第一个采用监管沙箱的州，而这也表明"监管沙箱"的概念正走出欧洲和亚洲，逐步传播到美洲国家。

随着"监管沙箱"在全球各地遍地开花，监管沙箱的参与者也不仅仅局限于金融科技企业，欧洲也开始将传统金融机构纳入其中，公私合营的监管沙箱也开始兴起。Fidor Solutions 与东盟金融创新网络（AFIN）、Virtusa 以及 Percipient 达成了合作协议。协议的主要内容是：创造一个基于 API 市场的沙箱环境，将沙箱向银行和金融科技企业开放，希望能创建一个协作生态系统，实现快速跟踪创新交付，并借此鼓励新技术的研发。

除了监管沙箱外，监管机构也开始直接与金融科技企业合作，并由此诞生了一个新的词语——"监管科技"。监管科技，字面意思上指的是金融机构监管端运用金融科技的技术进行监管。但从更深的层次看，监管科技的出现将帮助监管机构解决监管问题，并可简化监督程序，实现自动化监管。

　　监管科技运用了最新的数字技术，使金融监管的范围得以扩大。数字科技的加入，使监管机构更容易对信息进行捕获、处理、存储、管理、分析和分发，并可及时采取行动、化解风险，达成行为目标。当前的监管科技主要集中于数据收集和分析领域，从而帮助金融监管机构及时更新监管数据。

　　新加坡一直是监管科技领域的先驱。新加坡金融管理局的高管们高度赞扬了监管科技，他们认为"数字技术与金融监管的结合极大地提高了监管效率"。他们还做出了以下推断：

　　数据分析技术将解决银行在汇总不同业务和地区的信贷和市场风险敞口方面面临的长期挑战。

　　通过运用数字监管技术，银行能够实时得出综合风险状况。

　　金融领域合规端的监管科技与监管端的监管科技的结合，可以使金融数据通过 API 以机器可读的格式直接进入监管机构的数据库。

　　难免有人担忧传统金融机构为维护其既得利益，将金融科技视为破坏现状的潜在威胁，从而拒绝金融科技的渗入。但从监管者的态度来看，这种担忧有些杞人忧天。在未来的十年里，金融科技将无缝地融入世界经济和金融体系。

　　以下是几个金融科技融入世界各地经济体系的例子。卢旺达国家银行（BNR）与 Sunoida Solutions 合作开发了一个电子数据仓库，该仓库将汇集 600 家受监管金融机构的数据。奥地利国民银行（The Central Bank of the Republic of Austria）与奥地利报告服务有限公司（AuRep）合作，通过一种新的监管报告数据输入方法，搭建起一个数据报告平台。该报告平台有助于消除受监管实体的 IT 系统与监管机构之间信息的不对称。AuRep 由七家奥地利大型银行集团共同拥有，因而拥有大量受监管的银行数据，该机构的加入有助于提高监管数据的收集效率并扩大监管规模。随着欧洲当局开始采用类似的监管机制，预计未来将会产生更多高质量的、实时的、更颗粒化的银行数据。

不仅仅是欧洲国家或地区注重利用金融科技进行监管，其他地区的金融监管机构也是如此。澳大利亚证券投资委员会（ASIC）推出了市场分析和信息收集系统（MAI）。MAI 是一个金融科技平台，能够实时监控所有股票和股票衍生品的产生和交易活动。随着大数据和机器学习的深入融合，MAI 这一高效系统的出现，将对澳大利亚地区的股票及其衍生品市场产生重大影响。

监管科技的应用场景举例

消费者投诉监督

报告工具

对政策进行实时反馈

市场操纵监管

内幕交易监管

政策协调

金融中心发展

实时合规监督

得益于金融科技企业大量的基础数据和优异的预测能力，监管科技将帮助监管机构在政策制定方面变得更具前瞻性。

四、监管机构与监管机构合作模式（Regulator‐regulator）

最后一个合作领域涉及监管机构之间，即监管机构与监管机构的合作或政府机构与政府机构间的合作。

2016 年，英国金融行为管理局和澳大利亚证券与投资委员会签署了一项帮扶金融科技初创公司的协议（Adams，2016）。根据该协议，两个监管机构将进行监管信息共享，并帮助对方协议国的金融科技公司进入本国市场。随着协议的执行，双方监管的金融科技产业在英国和澳大利亚的价值分别已增长至 125 亿美元和 13 亿美元。

监管机构间的另一个合作方向是围绕"金融科技桥"（fintech bridges）展开的。金融科技桥是两国之间的合作项目，指达成协议的双方监管机构互相帮助各自金融科技初创企业进入对方监管沙箱或更广泛的其他市场。金融科技桥的存在能帮助金融科技企业更快取得在另一协约方的许可证件。

同样，英国金融行为管理局在这一领域尤为活跃。2016 年年初，英国和新加坡之间建立了有史以来第一座金融科技桥。此后，英国与加拿大、中国、日本、韩国和澳大利亚均建立了金融科技桥。

目前，预计多个国家将签署 63 项双边合作协议（KAE，2019）。一些比较重要的协议，如 2018 年 2 月，英国金融行为管理局与美国商品期货交易委员会达成协议，正式确立了两个监管机构之间关于支持美国商品期货交易委员会和英国金融行为管理局的创新举措的合作关系；2018 年 6 月，印度经济事务部（DEA）与新加坡金融管理局就扩大现有金融科技合作规模达成协议；2018 年 9 月，英国金融行为管理局和新加坡金融管理局达成了各种金融技术解决方案上的紧密合作，包括围绕监管技术、网络安全和加密货币等方面的合作。

那么为什么监管机构之间会如此热衷于建立金融科技领域的合作？首先，监管机构之间的合作有助于企业规避因各地监管标准的不同而引发的任何风险。随着经济的全球化发展，司法管辖的竞合时有发生。不同监管机构之间因合作所达成的共识，有助于银行以及金融科技企业开展产品（无论是区域性产品还是跨境产品）的研发活动，利于其扩大市场规模，并保障企业的顺利运营。

其次，监管机构间的合作能帮助金融科技企业开拓市场，特别是境外市场。每个国家对金融科技企业的市场条件都不同，而各国各地的监管环境也有很大差异。正是因为有这些差异的存在，企业在进入新市场、扩大业务规模时会面临诸多挑战。这些挑战的存在可能会给金融科技企业带来重大的财务问题。

最后，从合作本身来看，这种合作也是有益的。在合作中，监管机构可互相分享经验，从而建立起一个探讨热点话题的沟通机制。此外，监管机构在执行协议内容的过程中，也会从这种跨境合作中提升自身监管金融科技产业的能力。

除了这些常见的合作模式之外，不断扩大的金融科技生态系统还将学校、培训服务提供商、传统软件提供商、行业专家、内容制作者和咨询公司等纳入合作范围。随着金融科技领域的发展，各种形式的合作也在不断发展。不同区域、不同产业间的合作相继出现。但在金融科技业在全球金融架构中站稳脚跟之前，这些合作的性质与形式将继续演变。不过我们可以确定，现如今金融科技业已在全球金融格局中扎根生长，并将在未来继续蓬勃发展。

第十章

挑战者银行

挑战者银行，或者更准确地说，传统银行的挑战者，是指通过提供创新产品、服务或交付机制，进而破坏传统银行运作模式的数字银行。在过去的十年间，已有多家挑战者银行出现。挑战者银行没有分支机构，它们通常是以网站或应用程序形式存在的"银行"。它们致力于提升客户体验，为客户提供数字产品和线上服务，颠覆了传统银行的业务模式。虽然它们被称为"银行"，但有大量的挑战者银行并不具有正式的银行牌照。因此，挑战者银行并不是真正意义上的银行。但由于行业内普遍用"挑战者银行"进行称呼，所以我们也追随行业惯例称其为"挑战者银行"。

或许是我在英国的缘故，"挑战者银行"是我被要求谈论或写作最多的话题。早年间英国金融行为监管局向大量的挑战者银行发放许可证，致使英国成为挑战者银行发展的温床。2019 年，英国出现了 53 家挑战者银行，并且其中几家挑战者银行的估值超过 10 亿美元，成为受欢迎的独角兽企业。挑战者银行创造了操作简易的应用软件，在伦敦地铁拥有随处可见的广告，是金融科技领域的先锋。

"挑战者银行"一词起源于英国，最早的挑战者银行也出现在英国。得益于良好的监管环境与强大的金融科技创新生态系统，绝大多数挑战者银行选择留在英国。但现如今，全球其他地区挑战者银行的数量与英国的数量相当，我们也应将"挑战者银行"的定义扩展到颠覆传统银行现有产品或运作模式的所有数字银行。

一、挑战者银行的种类

挑战者银行大致可被分为三类（伯恩马克，2016）。挑战者银行的存在形式有很多：应用程序、网站、分支机构，通过对这些元素的整合，我们可以分为以下情形。

雏形期的挑战者银行：银行价值链上的金融科技革新者，它们通过手机端应用程序与传统银行或其他挑战者银行合作。例如，Pockit 和 Loot。

真正的挑战者银行：不存在分支机构，但已自行获得银行牌照或正在购买银行牌照，并只通过数字化的方式与客户进行接触的机构。例如 Atom Bank、Starling 和 Monzo。

假的挑战者银行：现有银行建立的通过分支机构和数字化渠道服务客户的数字化子公司、数字合作伙伴（NeoBank）以及数字化初创企业。例如 Moven、Simple 和 Hello Bank。

二、挑战者银行兴起的原因探析

科技的进步、客户偏好的转变以及经济的快速发展给金融体系带来了破坏性和去媒介化的冲击。导致挑战者银行出现的原因多种多样，但究其具体原因，还需要考虑它们的所属区域以及它们试图解决的地区特定问题。总的来说，挑战者银行成为传统银行业破坏者的原因如下：

（1）人口变化和新一代的需求

根据美国人口调查局 2016 年的数据显示，1982 年至 2000 年间出生的人是与其他时代出生的人完全不同的"一代人"（即千禧一代）。这一代人见证了一些传统金融机构的消亡，经历过旷日持久的金融危机，所以他们越来越注重金融稳定。千禧一代是数字原住民，他们精通高科技，社交关系超紧密。他们在成长的过程中享受诸如谷歌和脸书等软件提供的极简服务，享受爱彼迎和优步等企业提供的便利服务。他们往往总是忙个不停，更注重客户体验，不喜欢在实体机构排队，不适应传统银行的业务模式，但乐于通过智能手机随时完成银行业务。

这是一个飞速变化的时代。根据皮尤研究中心[①]（Pew Research Center）2018 年的数据显示，全球的千禧一代人口总数约为 25 亿，他们有着超强的客户体验需求，渴望每一个产品或服务都能达到他们的要求。人口结构的转变，低利率等经济因素的驱动，以及对精简、直观、按需且基本免费的客户服务的渴望，正引领千禧一代探索传统银行之外的出路。第一批挑战者银行正是抓住了这个机会占领了这一市场，获得了数百万客户。

---

① 皮尤研究中心是美国的一家独立性民调机构，也是美国第三大智库。——译者注

（2）智能手机普及率

世界上大多数发达经济体的智能手机普及率都非常高，韩国为 95%，荷兰为 87%，德国为 78%。在某些情况下，新兴经济体的智能手机普及率与发达国家相当。南非手机普及率为 60%，巴西为 60%，菲律宾为 55%，突尼斯为 45%，以色列为 88%（Wiggices，2019）。

智能手机普及率高的国家是挑战者银行发展的沃土。在智能手机普及率和零售银行覆盖率较高的发达市场中，挑战者银行与传统银行的合作可以恢复客户对银行业的信任。挑战者银行与传统银行的合作，提升了客户体验，降低了客户操作成本，让客户实打实地感受到了银行业的改变与便利。即便是在银行业务覆盖率低的发展中国家，高智能手机普及率也让我们见识到了挑战者银行在普惠金融中发挥的主导作用。

（3）客户对银行业的信任度不断下降

自金融危机以来，发达市场（尤其是西欧市场和美国市场）中，客户对银行业的信任度大幅度下降，银行家成为最不受信任的专业人士，其排名甚至低于房地产经纪人。有数据显示，多数发达国家的民众对传统银行业的信任度普遍偏低，英国为 3%，法国为 33%，德国为 40%，意大利为 24%，美国为 37%。

在这种情况下，市场需要新鲜的"血液"来挽回不断下降的信任度，而挑战者银行作为以客户为中心的新兴金融机构，自然承担起了这个重任。

（4）满足未满足的需求

挑战者银行弥补了由于传统零售银行或股份制银行服务不周而导致的利基市场的缺口。

这部分利基市场包括学生、中小企业、难民以及信用不良或缺乏历史信用记录的人。多数传统银行忽视了这些较小群体的需求，主要面向大企业或工薪阶级等细分市场提供贷款和账户服务。挑战者银行的出现填补了这一空白，使这一小部分群体也可轻松获得贷款等银行服务。而且为降低信用风险，挑战者银行创造了了解你的客户（KYC）以及基于数据的信用评分制度，尽可能地以最小的风险提供最优质的服务。

（5）新兴市场

在新兴市场中，挑战者银行将成为加速银行业创新和实现普惠金融的重要手段。正如亚洲、非洲的一些国家，虽此前没有强大的银行网络体系，但随着智能手机的普及，这些国家的银行网络体系也在不断完善。随着移动设备在新兴市场的普及率不断攀升，利用数字渠道搭载、吸引或服务客户的移动银行逐渐成为传播普惠金融的重要媒介。

三、挑战者银行与传统银行的区别

不论是规模还是服务内容，挑战者银行和传统银行之间都存在着诸多差异。

（1）效率

首先，挑战者银行在规模上比传统银行小，并且其运用了数据库技术，所以挑战者银行运营效率更高。其次，挑战者银行通过数字渠道开展业务，没有分支机构，节约了运营和监管分支机构的成本。因此，挑战者银行的客户服务的成本明显要低于传统银行。

（2）目的

尽管银行业的目的是通过储存资金、提供抵押贷款或贷款来为民众和政府服务，但这些服务并不是以客户为中心的。传统银行的服务内容为其客户解决了许多问题，但仍有许多问题有待解决。而挑战者银行旨在通过构建完全专注于客户的银行模式来解决传统银行还未解决的问题。

（3）服务

拥有实体机构的传统银行和没有分支机构的挑战者银行为客户提供了各种各样的服务，但万变不离其宗，这些服务都围绕金融服务展开。传统银行要求客户到实体机构才能享受银行的服务，但挑战者银行却能在线上提供客户所需要的服务。不论是开户还是转账，挑战者银行的所有服务都可以在线完成。此外，挑战者银行的关注点并不在于开发新的银行业务，而在于提升客户体验，这也就意味着挑战者银行有时推出的产品是无形的或者其售卖的根本不是产品而是服务。虽然挑战者银行的产品组合可能会较为狭窄，但其优质的服务以及为客户提供的数字化体验仍可以将其与传统银行区分开来。

（4）营业场地

我们常见的高街银行通常由几个出纳员外加一个繁忙拥挤的分支机构组成。但挑战者银行的出现可能会打破这种局面。由于挑战者银行的所有交易都发生在网上，所以从技术上讲，它们不需要实体分行。目前也只有少数的挑战者银行通过电话或调控中心提供服务，而其他挑战者银行都依赖电子邮件或聊天机器人与客户进行沟通，并通过网站和应用程序提供服务产品。

交易、客户投诉、转账，所有的一切都可以通过手机在网上完成。即使是挑战者银行的雇员和管理者也不需要去到公司办公室。

营业场所是传统银行必不可少的部分。传统的大型银行通过开设新的分支机构和收购有价值的房地产来扩大规模，但挑战者银行却反其道行之，提出减少营业场所的想法，为银行业增添了一个全新的扩大规模的方式。挑战者银行提出此主张的依据来源于效率的提升。因为更少的营业场地意味着更低的成本和更高的生产率，同时也让挑战者银行在管理成本、应对经济衰退和专注于创新方面拥有更大的灵活性。

四、挑战者银行的服务内容

尽管挑战者银行的规模和结构普遍都很小，但在服务内容方面，挑战者银行提供的服务毫不逊色于传统银行，甚至在某些方面略胜一筹。挑战者银行提供的主要服务包括：数字银行（包括移动银行和商户账户），普通银行业务（包括存款业务和支票业务），储蓄（定期储蓄、储蓄国债、退休储蓄账户、快速储蓄、轻松储蓄、存单、投资账户等），信用卡，消费者贷款，抵押贷款以及加密货币的交易与买卖。任意一家银行都可以提供这些服务，但不同的是挑战者银行的这些服务都以数字化方式进行，并且客户只要使用智能手机就能创建这些账户并享受这些服务。

挑战者银行消费贷款业务中的利基目标细分市场

传统银行尚未开发的大型业务市场包括学生贷款市场、中小企业贷款市场和抵押贷款市场。这些被忽略的市场成了挑战者银行发展的沃土，为其提供了一个获客成本相对较低并快速发展的机会。现如今，这个利基市场受到了市场的新兴贷款机构、P2P机构以及挑战者银行的广泛关注。下面让我们来详细讨论这些利基市场。

学生贷款市场

英国和美国的学生的债务负担越来越重，从2003年到2016年的十多年间，学生债务总额从0.2万亿美元上升到1.4万亿美元。以美国为例，2016年四年制本科学位的年平均学费在公立院校接近9 100美元，而在私立院校甚至达到了31 200美元（伯恩马克，2016）。在这种情况下，许多学生别无选择，只能通过贷款来完成学业，这为挑战者银行提供了巨大的机会。

中小企业贷款市场

2015 年年初，尽管私营企业数量达到创纪录的 540 万家，但中小企业的贷款需求还是在很大程度上被传统银行忽略。导致中小企业难以从银行获取贷款的原因有很多。根据资料显示，由于欧盟的传统银行只掌握了 67% 的中小企业的信贷信息，因而多数银行无法给全部的中小企业提供贷款。此外，在巴塞尔协议等一系列法规的高标准下，欧盟的中小企业取得贷款的概率又下降了 20%。

其他地区也是如此。2015 年，在美国 1 月份的中小企业贷款申请中，只有 21.3% 的申请获得了大型商业银行的批准，因而有 61.6% 的中小企业寻求其他贷款机构的帮助。（Biz2Credit[1]，2015）

抵押贷款市场

根据英格兰银行（Bank of England）的数据，2016 年，英国批准了价值 134 亿英镑的抵押贷款，抵押贷款发放额跃升至近两年高点。2016 年 3 月，抵押贷款标准浮动利率平均下降了 10 个基点，至 4.57%。新的两年期固定抵押贷款利率下降 6 个基点，至 1.87%；而五年期抵押贷款利率下降 7 个基点，至 2.71%。英国的租

---

[1]　Biz2Credit 是一家位于印度的线上借贷服务平台。——译者注

赁房产交易（Buy-to-Let）市场对该行业的整体收益率起到了重要作用，约占挑战者银行资产负债表的 15%。

在美国，消费信贷报告显示的抵押贷款余额为 8.37 万亿美元，比 2015 年第四季度增加了 1 200 亿美元。

五、挑战者银行调查报告

以下摘自英国金融科技研究公司伯恩马克的挑战者银行调查报告（2016 年），从中我们可大致了解人们对挑战者银行的态度、观点以及使用或不使用挑战者银行的原因。

（1）25~34 岁男性是挑战者银行最大的用户群体

在挑战者银行的用户群体中有 56% 的用户年龄在 25~34 岁之间，并且其中有 61% 的用户为男性。在其余年龄段的用户群体中，原本被寄予厚望的 18~25 岁年龄组，仅占 17%，甚至占比低于 35~44 岁年龄组。这些数据也表明了，勇于尝试新兴事物并不是千禧一代独有的现象，挑战者银行的用户遍布各个年龄段。

该报告还发现，18~25 岁的用户数量虽不是最多的，但他们仍是挑战者银行最主要的目标群体。因为这部分群体特别希望能通过应用程序或数字渠道访问银行账户，并且这种意愿大多会随着年龄的增长而减弱。

（2）大多数用户开通挑战者银行账户是为"试用"

伯恩马克报告一个有趣的发现是，超过 74% 的受访者称，他们开通挑战者银行账户的主要原因是试用。此外，在外旅行时的简便性、更划算的价格或特定优惠（主要针对学生）、更简单的注册流程，以及朋友或同事的推荐等也是促使用户转向挑战者银行的重要原因。

这些数据对早期的挑战者银行而言是非常有意义的，可以帮助挑战者银行了解用户的需求，为用户提供更好的服务。

（3）部分受访者拒绝尝试挑战者银行的一个原因——缺乏实体分支机构

在挑战者银行的非用户群体中，有 60% 的受访者表示从未听说过挑战者银行（不仅是"挑战者银行"这个术语，即便是 Atom 或 Revolut 等个别挑战者银行名称也未曾听说过）。三分之一的受访者仍然希望银行留有实体分支机构。这些人不一定都是传统银行的用户（也有可能包括挑战者银行的用户），他们仍然希望当他们遇到问题或需要与人沟通或提交文件时，能有银行的实体机构帮助他们解决。此外，用户不选择挑战者银行的其他主要原因是对挑战者银行的不信任以及挑战者银行的产品和服务内容的限制性。

另外，有 63% 的非挑战者银行用户表示，如果挑战者银行能简化变更银行账户的程序，那么他们将转向挑战者银行，成为挑战者银行的用户。在报告中还有很多类似的转换条件，如 50% 的人提出挑战者银行要给出极其诱人的报价，15% 的人提出挑战者银行至少应已经存续 5 年等。

（4）所有受访者都接受这种新的数字化客户服务渠道，包括聊天机器人和社交媒体转账

出乎我们意料的是，有 82% 的受访者表示他们不在乎在接受服务的过程中他们是与真人交谈还是与系统的自动回复交谈。他们还乐于通过推特和脸书等社交媒体软件向朋友和家人进行转账和"发红包"。所有受访者都表示更倾向于使用应用程序来处理银行业务，并且已经很少有人使用实体机构、网站和电话来处理银行业务。

六、挑战者银行对传统银行的威胁

许多人认为，挑战者银行必然会给传统银行带来某些挑战。近期的报告显示，因担心被挑战者银行取代，不少传统银行已经开始通过提供在线服务或者手机银行业务来应对挑战者银行的挑战。

虽然当前传统银行和挑战者银行均提供线上服务，并且它们的服务水平不分上下。但是在某些领域内，挑战者银行确实已经超越了传统银行，并对现有银行机构构成了一些独特的新威胁。

挑战者银行为客户提供了更高水平的便利。挑战者银行的整体理念是以客户为中心，提供可满足客户需要的便利的银行服务。而传统的"步入式"银行并没有那么重视客户体验，它们更热衷于开拓市场，创建跨国公司，吸引更多的客户以获取更高的利润。

传统银行以发展为目的开展银行业务，而挑战者银行则以客

户需求为导向制定服务内容。短期内传统银行与挑战者银行的差距可能不会很明显，但随着时间的推移，挑战者银行越来越能精确地解决客户面临的所有问题，并给予他们想要的结果。客户也会逐步倾向于更能快速解决问题的挑战者银行。这对传统银行而言，将是一个相当大的威胁。

来自挑战者银行的另一个关键威胁是它们完全数字化的巨大影响力。除了方便客户之外，挑战者银行的数字化渠道还有其他优势。首先，挑战者银行的所有业务均通过数字化渠道进行，这使它们的发展更容易、更简单且更具成本效益。在数字化时代，挑战者银行可以在线上迅速传播，吸引更多的顾客。同时，由于挑战者银行处于早期发展阶段，提供最佳服务和获取了许多客户的挑战者银行会有许多类似于先行者的优势。

其次，在线业务可以降低银行的运营成本，提升银行运作效率。通过开展在线业务，挑战者银行所需要的办公场地及员工数量减少，进而降低了房屋租金、电费以及办公设施的成本。员工可远程办公，即便是少量的员工也可随时随地为客户提供最优质的服务，避免了额外的场地清洁和维护费用。

最后，挑战者银行的在线业务减少了文书工作量，减轻了银行系统的官僚作风，进一步提升了银行业务的效率。挑战者银行的所有业务都可在网上进行，不需要实物形式的辅助，节省了资金和空间资源。挑战者银行的线上业务在未来几年都将持续发挥作用。

基于上述数字化优势，挑战者银行可以吸引一大批持续增长的客户群体。在及时掌握他们的需求后，挑战者银行可以在几年内占据金融市场非常突出的地位。正如最初被引入银行体系一样，挑战者银行或许能够彻底改变此前我们对银行业的看法。

如果挑战者银行成功占据了金融市场的主体地位，那么实体银行很快就会成为过去式。因为挑战者银行也需要获得银行经营牌照，所以人们完全可以信任这种新的银行体系。尤其是在一些新生代互联网金融机构（neo banks）还需要与银行合作，并且自身难以获得数字银行牌照的情况下，挑战者银行的独立自主与牌照优势进一步增强了其可信度。

因削减了巨额支出，挑战者银行的股本回报率比传统银行的更高。再加上挑战者银行可以为客户提供更高的利率和更灵活多样的服务，所以在未来，将有更多的客户被吸引至挑战者银行领域。

挑战者银行的上述优势，再加上其不断创新的金融技术，使得传统实体银行的主体地位岌岌可危。如果这种情况继续下去，那么挑战者银行将会成为银行业的未来。

七、英国的挑战者银行

英国是挑战者银行的发源地并且是挑战者银行最集中的地区。许多知名的挑战者银行都诞生于英国，如 N26、Revolut、Atom 和 Starling Bank。那为什么英国有这么多挑战者银行？这些挑战者银行的存在将会给英国带来怎样的影响？

2008 年的金融危机后不久，英格兰银行简化了获取银行牌照的流程，并降低了新银行进入者的资金要求。随着新标准的实施，新进入市场的银行数量有所增加。很快，世界上第一家挑战者银行 Metro Bank 于 2009 年诞生于英国。作为利用金融科技的新兴银行，该公司于 2010 年获得了银行牌照。

事实上，挑战者银行是为满足客户需求而生的。金融危机后，人们对金融体系深感失望，对银行业的信任也开始动摇。挑战者银行的出现，为客户提供了一种更快、更高效的数字化银行服务。它们将目标客户群瞄准于精通科技、总是很忙碌、喜欢快速办理银行业务的年轻人身上。

挑战者银行的所有业务都在网上进行，因而其具有很强的技术依赖性。自 2015 年以来，随着金融科技的不断创新，挑战者银行在英国强势发展，致使每月约有 60 家实体银行倒闭（英国广播公司，2018）。英国是世界第四大银行产业国，仅挑战者银行行业每年就会产生约 200 亿英镑的收入（Warner，2018）。

英国成为挑战者银行集中地的另一个原因是，它是数字银行的早期使用者，并且该时间可以追溯到 20 世纪 90 年代末至 21 世纪初。英国在挑战者银行领域一直保持着稳步前进的状态。随着金融科技产业的蓬勃发展，英国逐渐成为全球挑战者银行的领头羊。此外，英国金融行为监管局正计划推出新的获取银行牌照的标准，以便英国市场能出现更多的挑战者银行，提升本国挑战者银行的竞争力。

除上述原因外，挑战者银行在英国的高度集中还受该地区初创企业和中小企业集中分布的影响。挑战者银行关注传统银行所忽略的个体企业和中小企业的需求，因而这些企业集中的地区有助于挑战者银行业务的开展。

虽然个体企业的规模较小，但它们却占据了英国90%以上的市场。对挑战者银行而言，这是一个庞大的客户群体。随着时间的推移，挑战者银行的服务将继续深入这部分群体。

挑战者银行的出现的确给英国现有银行带来了一定的挑战。根据《经济学人》（The Economist）2018年的研究显示，虽然英国当时最大的四家银行（即巴克莱银行、汇丰银行、劳埃德银行集团和苏格兰皇家银行）占据了个人经常账户总规模的70%，但它们发放的贷款额却大幅下降，而挑战者银行的贷款额却在上升。

英国大多数企业都是中小企业，而这也正是挑战者银行的目标客户群。拥有如此庞大客户群的挑战者银行，在未来可能会挑战英国的四大银行巨头的权威。据调查显示，很多受访者（即使不是大多数人）都支持在线数字银行，而且这一数字正在上升（Finance Derivative，2019）。随着时间的推移，这些挑战者银行实际上可能会让英国四大银行产生挤兑危机。

八、主流的挑战者银行

截至2019年，全球约有220家挑战者银行。就数量而言，英国排首位，紧随其后的是法国、德国、美国和印度。表10.1总结了全球主要的挑战者银行。

表 10.1 全球主要的挑战者银行

所属国家	挑战者银行	特点
英国	原子银行（Atom Bank）	原子银行是英国第一家获得监管牌照的数字银行。原子银行成立于 2014 年，并于 2016 年 10 月正式上线运营。在正式上线前的筹备阶段，它创造了一个庞大的 APP 技术装置，是英国第一家完全基于 APP 运营的数字银行。2016 年，原子银行收购了当地一家名为 GRAP 的数字设计机构，并将后者的视频游戏设计理念引入银行用户界面设计，为用户提供极致的体验
英国	Monzo	Monzo（原名 Mondo）于 2017 年 4 月初获得正式银行牌照。Monzo 声称自己是首家可以通过非接触式办理借记卡（即网上提交办卡申请，审核通过后即可生成银行账户，实体卡片在一段时间后通过邮寄的方式给予客户）或通过手机银行应用程序开通银行账户的"移动数字银行"。 这款手机银行应用程序的功能包括智能消息通知、即时余额更新和财务管理。此外，它还与 Thames Card Technology 公司合作，帮助用户定制个性化的借记卡
英国	N26	N26 是一家总部位于德国的纯数字银行，现已在 17 个欧洲国家开展业务，包括西班牙、意大利、希腊、爱尔兰和斯洛伐克，并于 2019 年宣布进军美国市场。2018 年，N26 银行进军英国市场。在英国市场[①]中，N26 银行的客户注册后，他们会得到一个 GBP 活期账户，其中包含 N26 账号、分类代码和万事达卡（Mastercard）。N26 还与 TransferWise、Raisin 等具有创新性的金融服务公司在外汇、储蓄等方面合作，满足客户的多样金融需求

① 2020 年 2 月，N26 发表声明，因英国脱欧协议的"时机和框架"使其无法继续下去，所以 N26 将于 2020 年 4 月 15 日关闭所有英国客户账户，退出了英国市场。——译者注

续表

所属国家	挑战者银行	特点
英国	Revolut	Revolut 成立于 2015 年年中，总部位于伦敦，是一家专注于支付结算业务的金融科技初创企业。它创建了一款移动理财应用，提供预付卡（prepaid Mastercard debit card）、货币兑换和 P2P 支付服务。它在英国也有一个免费的经常账户（带有 IBAN），并且 Revolut 的大部分服务都是免费的
英国	Tandem	这家数字银行于 2015 年 11 月获得了银行牌照。Tandem 专注于帮助用户管理资金，而不是直接销售产品。因而，Tandem 本身并不提供现金账户。但 Tandem 计划将客户的活期账户、信贷账户、储蓄账户集中到 Tandem 平台上，帮助用户查看日常支出、消费账单等信息。除数字化渠道外，Tandem 还拥有一个实体的处理中心，以便解决客户争议或更复杂的交易
德国	Consors Bank	Consors Bank 成立于 2013 年，是德国 Hello bank 的联行，也是法国巴黎银行（BNP Paribas）的分部。作为一家"直接银行"（Digital Direct Bank），Consors Bank 无分支机构，仅提供在线办理信用卡、贷款、储蓄和保险等业务。CortalConsors 是一家从事消费者投资和在线交易的网络银行，从属于法国巴黎银行，并被并入了 Consors Bank
德国	Fidor	Fidor 成立于 2009 年，总部位于慕尼黑，是一家完全数字化的银行。它持有正式的银行牌照，使用自己内部研发的技术为客户提供线上服务。此外，Fidor 银行还与其他金融机构（如 Penta Bank）合作，向它们输出自己研发的科技产品。Fidor 运营着自己的技术公司 Fidor Solutions
德国	Penta	Penta 是一家中小企业与初创企业数字银行服务平台，成立于 2016 年，总部位于柏林。2018 年年初，它筹集了 220 万欧元的启动资金。2019 年 4 月，Penta 被欧洲金融科技创业孵化平台 Finleap 收购

所属国家	挑战者银行	特点
西班牙	2Gether Global	2Gether Global 是一个西班牙的协作银行平台，本质上是一个应用程序。它在 2019 年 1 月推出公测版时，并没有将自己定义为一家银行，而是一个平台。该平台运作的基础是持有 2GT 代币，而从其应用程序就可获得 2GT 代币。用户需要持有至少价值 10 欧元的 2GT 代币才能访问这些服务，同样的他们的访问也会得到奖励
西班牙	Bunq	这家数字银行于 2015 年在荷兰成立，并于 2018 年宣布进军西班牙和意大利市场。2014 年 9 月，Bunq 获得了荷兰中央银行（DNB）颁发的银行执照，2015 年 11 月，Bunq 正式向公众开放
西班牙	Denizen	Denizen 总部设在旧金山，其声称自己是第一个提供无国界银行账户的全球化数字银行平台。该银行允许客户在一个国家收款，并立即在另一个国家付款，并且通过 Denizen 的 APP 进行的业务，Denizen 不收取任何国际转账费或货币兑换费。而使用 Denizen，只需要一张借记卡和 Denizen 的手机 APP
西班牙	imaginBank	imaginBank 是由西班牙最大的商业银行——CaixaBank 于 2016 年初推出的数字银行。imaginBank 是一家真正的挑战者银行，只提供线上服务，并使用脸书等社交媒体平台与客户建立联系。imaginBank 的活期存款账户是免佣金的，并允许客户管理个人财务、转账和 P2P 支付。不论用户资金存放在哪家银行，只要是向西班牙境内的账户转账，imaginBank 的用户都可免费进行
美国	阿尔法银行（Alpha Bank）	阿尔法银行是一家总部位于华盛顿的初创数字银行，专为中小企业提供服务。依照其获得的许可证和联邦存款保险公司（FDIC）的保险，为其用户提供专属的差异化全套服务

所属国家	挑战者银行	特点
美国	Azlo	Azlo 于 2017 年在旧金山成立，是一家专门为自由职业者和企业家服务的免费在线商业银行服务平台。Azlo 的账户提供国内和跨境银行业务，无须支付任何费用，也没有每月最低存款限制。其主要服务内容包括无限制国内和国际支付、账单支付、移动支票存款和数字发票。此外，Azlo 还获得了西班牙对外银行的支持
美国	Envel	Envel 成立于 2016 年，总部位于马萨诸塞州，是一家将千禧一代作为其目标客户群的挑战者银行。它致力于成为一家区别以往的、全自动化的挑战者银行，并专注于改善客户的财务状况。Envel 是世界上第一家基于 AI 的移动数字银行
美国	Joust	Joust 成立于 2017 年，总部位于丹佛。2019 年年初，通过推出面向自由职业者、小微企业和零工经济从业者的金融应用程序，Joust 成功转变为挑战者银行。该金融应用程序是 Joust 与金融服务工具箱 Cambr 合作开发的。通过该应用程序，用户可免费开设一个由社区银行支持的联邦存款保险公司担保的存款账户。此外，Joust 还提供一个商户账户，用于处理其产品和服务的信用卡和借记卡付款

（1）案例研究——Revolut 银行

全球范围内有许多挑战者银行。有些在稳健营业，有些已经停业，还有一些刚崭露头角。总部位于英国的 Revolut 银行就是这样一家风靡欧洲的银行，甚至被称为欧洲增长最快的独角兽企业。

Revolut 银行的核心产品是一种支付卡，该支付卡可帮助在境外消费的用户以最低的费用换取境外货币。除此之外，该公司还提供保险、加密货币交易和往来账户交易等其他金融服务。
Revolut 银行的 APP 支持 120 种货币的兑换和自动柜员机取款，
并且可直接使用 APP 进行 29 种货币的消费付款。

2017 年 10 月，Revolut 银行的首席执行官尼古拉·斯托伦斯
基（Nikolay Storonsky）为 Revolut 银行取得了 7100 万美元融资，
企业估值 3.5 亿美元。2019 年，其在香港 DST Global 的领投下获
得 2.5 亿美元的融资，企业估值达到了 17 亿美元（KHARPAL，
2018）。新一轮的融资使 Revolut 银行的市值超过了 TransferWise
银行，这让它可以自豪地宣布自己是欧洲最有价值的金融科技独
角兽企业。当被问及如何在如此短的时间内取得如此大成功的
秘诀时，斯托伦斯基回答说，这只是"超级努力工作"的结果
（Bernard，2018）。Revolut 是一种免费的商业模式，它提供免费
服务，但包含额外的付费服务选项。

在 2017 年获得融资后，Revolut 银行在欧洲的用户数量几乎
翻了一番，达到 200 万人，成为 N26 和 Monzo 等挑战者银行最
强劲的竞争对手。斯托伦斯基在接受采访时表示，我们 Revolut
银行的增长速度是其他竞争对手增长速度的四到五倍，我们是
全球银行的挑战者，而它们只能是本地银行的挑战者（史密斯，
2018）。当前，用户对 Revolut 银行的整体评分为 4.3 分（满分 5
分）。而 Revolut 银行的近期目标是到 2023 年突破 1 亿客户。

截至 2019 年 2 月，该公司声称其拥有超过 400 万用户。但
它们的目标是在尽可能多的国家开展业务，提供商业贷款、零售
贷款、贸易、投资和财富管理等金融服务。

2018 年 12 月，Revolut 银行在立陶宛中央银行（Bank of Lithuania）的协助下，获得了欧洲央行颁发的数字银行执照（Bloomberg[①]，2018）。这意味着 Revolut 银行有权在欧洲进行存取款业务和消费信贷业务，并有权提供投资服务。

（2）案例研究——Atom Bank

如今，越来越多的人希望能用一种简单、快捷的方式来管理自己的财务。为满足用户的需求，越来越多的挑战者银行出现。Atom Bank 是一家总部位于英国杜伦的挑战者银行，其在 2015年 6 月获得了英国审慎监管局（Prudential Regulation Authority，PRA）颁发的银行牌照。

2017 年 3 月，经过多轮融资，Atom Bank 从西班牙对外银行、著名的基金经理尼尔·伍德福德（Neil Woodford）和资产管理公司 Toscafund Asset Management 等投资者处筹集了 2.19 亿英镑的资本（邓克利，2017）。Atom Bank 是英国首家专为智能手机打造的掌上银行，这意味着只有通过 Apple Store 或 Google Play 等手机应用商城下载该应用程序才可接受其服务。

Atom Bank 也因其定制化服务而闻名，用户可自己定制个人银行徽标，并赋予其专属化的名称。此外，该银行的 APP 还提供了多样化的登录方式供用户选择，包括密码、指纹、人脸识别和语音识别。这种利用人的生物特征数据来验证身份的方式，为

---

① Bloomberg 是全球商业、金融信息和财经资讯的领先提供商。——译者注

金融消费者带来便利的同时，也提高了软件的安全保护等级。

不论中小企业贷款还是首次购房者的抵押贷款，Atom Bank 的所有业务都可在 APP 上完成。一旦用户对线上业务产生疑问，只要拨打客服电话或通过聊天机器人，用户即可获得银行员工精准及时的服务。Atom Bank 的出现引发了公众对挑战者银行的广泛关注。在 2016 年 Atom Bank 的试运行阶段，已有超 40 000 位受访者表示对 Atom Bank 很感兴趣，并表示可能会在其正式上线后使用其 APP（邓克利，2016）。

（3）案例研究——Aldermore 银行和 Shawbrook 银行

Aldermore 银行将自己描述为"一家以中小企业为中心，依靠现代化、可升级和创新性基础设施运营的银行"。该银行成立于 2009 年，目前是英国首屈一指的可代替传统银行的贷款机构。仅在 2016 年，该公司的税前利润就达到 1.33 亿英镑，比 2015 年高出 34%（Lu，2017）。

2015 年 3 月，Aldermore 银行发起首次公开募股（IPO），通过向投资者出售新股筹集了 7500 万英镑。它在伦敦证券交易所（London Stock Exchange）的名单上，是富时 250 指数（FTSE 250）的组成部分，在英国拥有约 22 万客户。

以客户为中心和低成本的运营策略是 Aldermore 银行能快速成功的两个主要因素。Aldermore 银行主要为英国中小企业、购房者和储户提供商业融资、抵押贷款和储蓄服务。它的业务模式是，通过吸引储户存款，然后在四个专门领域发放贷款：资产融资、发票融资、中小企业商业抵押贷款和住房抵押贷款。

Aldermore 银行作为一家真正的挑战者银行，其提供的服务多为线上服务，但也有一些服务需要通过电话或办事处进行。

为客户提供更优质、友好的服务，以及为小企业提供更多信贷是 Aldermore 银行的两大卖点。此外，Aldermore 银行声称，它们的所有服务都是围绕"以客户为中心"的理念展开的。为了证明这一点，它允许客户自由地在网上对其产品和服务发表评论，而不受银行的任何干扰。

与 Aldermore 银行一样，Shawbrook 银行也致力于满足英国中小企业和个人的金融需求，为其提供各种贷款和储蓄服务。Shawbrook 银行的贷款业务由五部分组成：商业抵押贷款、资产融资、商业信贷、担保贷款和商业贷款。

近年来，Shawbrook 银行的投资者收购了其他几家金融公司（如 Commercial First、Link Loans、Singers Asset Finance 和 Centric Commercial Finance），助力 Shawbrook 银行的发展。2015 年 4 月，Shawbrook 银行在其首次公开募股中筹集了 9 000 万英镑，并获准进入伦敦证券交易所，后来又获准进入富时 250 指数（Wighton，2015）。当前，Shawbrook 银行已经向全英国超过 60 000 家中小企业提供了贷款服务，成为中小企业融资的领先银行（罗兰和阿姆斯特朗，2015）。

九、挑战者银行的困境

与所有企业一样，挑战者银行自身也面临一系列挑战，首先是信任度和接受度。人们已经习惯了传统银行的一贯做法，而挑战者银行作为一个打破这种习惯的新概念，在其传播的过程中难免阻力重重。但随着当前交易方式从纸币到信用卡再到无现金交易的转变，人们对于新兴事物的接受度略有提升。挑战者银行这一全新概念，似乎也正在被其目标客户接受。

另一个挑战者银行必须克服的障碍是竞争。现在，实体银行的数量远远大于挑战者银行的数量，且每个国家都有各自成熟的传统商业银行体系。挑战者银行难以撼动这些传统银行的地位。也有一些用户在使用传统银行的同时也使用挑战者银行。虽然有许多人声称挑战者银行拥有让传统商业银行出现挤兑风险的能力，但实际上挑战者银行要具备这种能力，还有很长的路要走。

毕竟当前挑战者银行还未被大众接受。还有很多人觉得手机银行有些虚无缥缈，只有到实体银行开户才是安全的，或者出现问题只有到实体机构才能得到公正解决。这部分人认为，使用应用程序进行银行交易远不如世代相传的传统老牌银行可信（伯恩马克研究报告，2016）。

事实上，为维护客户利益，许多挑战者银行都留有实体机构，以便用户的偶尔"走访"。毕竟，挑战者银行的宗旨是以客户为中心。

十、挑战者银行的现状与未来发展趋势

对挑战者银行而言，这是一个关键时期。挑战者银行想要在

不断发展且成熟的银行业中脱颖而出，合作共赢无疑是挑战者银行未来成功的关键。

在过去几年中挑战者银行业虽然经历了一些巨大的起伏，但该行业一直保持着非常积极的态度。部分新的参与者获得了银行牌照，也有很多人表示或宣布了加入竞争的意愿，还有一些新的基金组织加入注资挑战者银行的行列。截至2016年，超过8.5亿美元的资金进入了挑战者银行业。

但与此同时，问题也开始出现，早期的挑战者银行花了太长时间才看到利润。Metro Bank运营了7年多，才得到其预计的第一年要实现的利润额。挑战者银行未能满足人们对它们的高期望。

该行业还存在着可能威胁挑战者银行生存和未来发展的问题。例如，一些挑战者银行在大量用户提取现金后就不得不关闭其客户的账户；还有一些企业在它们资金还未按计划到位时就失去了银行牌照。如果一个机构经营多年却没有看到任何利润，那么失败几乎是不可避免的。

在过去几年中，挑战者银行领域出现了新的加入者，为挑战者银行开辟了新的发展道路。几家此前专注于支付或贷款市场的金融科技企业宣布转型为挑战者银行。瑞典金融科技企业Klarna在2017年获得银行牌照后，成为参与这场竞争的最大的欧洲金融科技企业。与此同时，一些著名的金融科技企业也在申请银行牌照，比如占领了美国利润丰厚的学生贷款市场的SoFi公司和英国的贷款公司Zopa；TransferWise也宣布计划在其现有银行牌照的范围内提供无国界账户服务；Revolu公司、BABB公司和FairFX公司也纷纷表达了对挑战者银行业务领域的兴趣。

　　大量的金融科技企业表达了对挑战者银行领域的兴趣，这是挑战者银行领域发展壮大趋向成熟的标志。在竞争如此激烈的环境下，整合和进一步细分市场变得越来越重要。

　　此外，该领域还兴起了具有重大的全球吸引力的B2B挑战者银行业务。其中包括向传统银行或其他挑战者银行提供BaaS服务的挑战者。随着Starling Bank和TransferWise、TD Bank和Moven，WSFS Bank和ZenBanx（后来被SoFi收购）相继官宣合作，挑战者银行之间的合作也是未来的流行趋势。

　　挑战者银行也指向了高度利基细分市场，一些挑战者银行显然瞄准了服务严重不足的细分市场，如中小企业、自由职业者、移民、难民和学生。而这些领域通常是传统银行从未给予过太多关注或未发现赢利空间的领域。

十一、结论

　　多年来，银行业通过提供和加强服务而蓬勃发展。新一代的挑战者银行很难完全主导该行业。因此，为守住这个优势，传统银行需要解决客户对传统银行及其代理人的信任度日益下降的问题，否则越来越多的客户可能会转向挑战者银行。这会有一个发展过程，千禧一代的用户可能会越来越倾向于选择挑战者银行。

当前，传统银行开发移动应用程序是很常见的。让客户同时使用传统银行和新兴的挑战者银行似乎是一种让双方都受益的方式，但只有时间才能见证这种齐头并进的局面能持续多久。

第十一章

数据和分析

大数据和数据分析自诞生之初就被认为具有改变游戏规则的潜在可能。一些专家甚至将其称为"新石油"（阿黛斯娜，2018）。在 2010 年到 2018 年间，自技术革命以来，这些潜能已经在零售业和以市场为导向的服务业等行业中得以展现。然而在当前，距离大数据和数据分析的全面采用依旧十分遥远，更没有在任何一个行业达到完全饱和。随着公司将数据分析继续整合到它们的生产运营中，大数据或许会展现出更强大的变革潜力。

大数据的发展是众多因素共同推动的结果。一方面，近年来数据存储的成本大幅下降，企业保存数据的期限大大延长；另一方面，我们当前已拥有处理大量数据的计算能力。擅长大数据分析的公司将大数据作为核心的发展战略，它们还利用专业知识不断提高深度学习的能力。

大数据和数据分析的前景十分广阔，但数据控制者和处理者发现，要想充分利用收集到的数据是非常困难的。虽然当前的计算机有着处理大规模数据的能力，但程序员试图通过复杂的数据分析来做到最大化挖掘数据的商业价值并非易事。

此外，随着越来越多的公司开始使用数据分析技术，这一技术的竞争优势和进入门槛正在降低（兰斯博撒姆、基伦和柯克·普伦蒂斯，2016）。公司难以提升竞争优势的主要原因在于，许多公司刚刚引入大数据技术，它们缺乏足够的经验。企业通常擅长收集数据，却往往不太善于整合数据、利用数据所传达的信息调整发展战略以及传递数据中内含的信息。

一、市场趋势

在发展大数据和数据分析技术的过程中，诸如 Tensorflow 和 Apache Spark 这样的开源机器学习平台引领着这一趋势。44% 的管理专业人士希望在未来 12 个月内将 Apache 的 Hadoop 投入生产，14% 的人士希望在未来 24 个月内将其投入生产（比尔，2016）。Hadoop 在公司中的主要用途在于数据探索和数据仓库扩展。该软件还可用于数据分段、存档非传统数据，如网络和传感器数据，并作为高级分析的沙箱。与其相似，当前还有一些行业领先平台诸如 scikit-learn、H2O、Mahout、Rhipe[①] 亦提供类似服务。

内存技术的应用也很受欢迎，因为它比硬盘或基于固态驱动器的存储更快。另一个新趋势是大数据智能应用的发展。一些公司正在使用机器学习和人工智能来开发具有市场营销、安全保障等不同功能的应用程序。大数据分析中也增加了边缘计算的使用，如果数据分析与物联网设备紧密联系而非在云端进行，那么系统执行分析的速度会更快，计算成本也会更低。

大数据的应用因行业而异。在当前，领先应用该项技术的行

---

① 一家澳大利亚的云计算和授权业务专业公司。——译者注

业主要包括金融服务、电信、广告和医疗保健业，而在教育和制造业，这一技术并未获得同样的普及。就公司内部而言，研发部门和商业智能部门正主要引领着大数据的应用。（亨克等，2016）

大数据的主要用途也因行业而异。例如，金融服务行业主要将其用于欺诈检测、点击流分析和客户分析。保险业正将其应用于预测评估、欺诈检测和供应链。广告行业正将其用于数据仓库和点击流分析。同样，平台的选择也因行业而异。例如，金融服务行业倾向于选择 scikit-learn，保险行业倾向于使用 Apache，而政府行业却倾向于使用 Rhipe（亨克等，2016）。

二、大数据分析的颠覆性特质

就其对于资产的影响而言，数据提供了一种类似于知识的好处——相同的数据可以被多个用户同时使用。随着数据市场的增长，越来越多的企业正在寻找能够帮助它们在竞争中获得优势的数据信息。

大数据的颠覆性已经在交通运输行业的超大规模实时匹配等技术中崭露头角。据报道，优步和来福车等服务平台预计将减少汽车购买量，节省燃油，并减少停车造成的污染。移动服务的使用将帮助全球消费者平均每年节省约 2000 美元（亨克等，2016）。

大数据可能造成重大颠覆性影响的另一个领域是信息个性化领域。例如，医疗保健部门的高度个性化信息可以帮助降低每人每年 600 美元的医疗保健成本，相当于 GDP 的 2.2%（亨克等，2016）。

银行业也有使用大数据的巨大潜力。数据驱动的转型可产生4000 亿至 6000 亿美元的经济影响。银行可以通过交叉销售和追加销售产品、改进风险评估和承销模式、优化服务能力、自动化支持功能等方式实现这一里程碑式的经济效益（亨克等，2016）。

三、机器学习

机器学习使得系统可以直接以数据的形式从先例和经验中进行学习。从 2011 年 IBM 的沃森（Watson）在《危险边缘》（*Jeopardy*）节目中击败两名人类对手，到 2016 年谷歌的阿尔法围棋（AlphaGo）在围棋比赛中击败世界冠军，机器学习和人工智能的最新发展让我们得以一窥未来。

机器学习可以分为四类：监督学习、无监督学习、半监督学习和强化学习。监督学习在广泛的机器学习中有不同的应用案例，其中包括语音识别；无监督学习常常被应用于市场研究、聚类等；半监督学习是监督学习和无监督学习的结合，通常用于自我训练；强化学习在财务中被应用于投资决策和库存管理。

就机器学习而言，其非常重要的激动人心的一点在于它与其他分析工具相结合所展现的潜力。例如，将学习网络与压缩分析相结合，可以发现数据中的新趋势。同样，使用合并技术训练传统的神经网络可以实现数据的超个性化。

四、机器学习的应用

公司利用机器学习分析并提高业绩的例子不胜枚举，其中一个发生在市场营销领域。欧洲领先的互联网消费互动媒体 SKY 等品牌正在通过使用 Adobe 的 Sensai 平台，估算客户回复的概率并优化发送时间，这一技术使得公司可以根据客户的个人偏好为其提供推送建议（吉利兰，2019 年）。

另一个例子是葛兰素史克公司（GlaxoSmithKline）利用语言和文本分析来了解父母对接种疫苗的担忧。利用从研究中获得的信息，葛兰素史克公司发布了一系列具有高度信息含量的内容来解释儿童早期疫苗接种的重要性（法格拉，2017 年）。

类似的例子还包括土耳其电子商务平台土耳其购物（Trendyol），该平台在运动服装市场与大品牌展开竞争时，常使用 Liveclicker[①]的服务来个性化它们的活动，提高平台的点击率和转化率（吉利兰，2019）。和大数据分析一样，社交媒体的作用在近年来也变得非常重要。为了深入了解客户数据，当下流行的 CRM[②] 平台公司 Zendesk 使用了 MarianaIQ[③] 的社交媒体管理平台（法格拉，2017）。

---

① 一家电子邮件个性化服务供应商。——译者注

② 即客户关系管理，是指企业用 CRM 技术来管理与客户之间的关系。——编者注

③ 一家人工智能营销创业公司。——译者注

在金融领域，目前有多项机器学习技术得到应用。例如，在线会计软件提供商 Arrow 在 2018 年 5 月宣布，它已经向客户提出了超过 10 亿项建议，其中包括 7.5 亿份发票和账单代码建议以及 2.5 亿份银行对账建议。该软件基于其习得的内容学会了交易编码和自动填充。仅需 4 个例子，它就能够对 80% 的交易进行编码（特许公认会计师公会，2019）。

风险评估和欺诈检测是机器学习中应用广泛的另一个领域。算法可以根据交易特征识别出那些需要进一步深入调查的交易。CAG，一家负责审计印度政府资助组织的收支情况的独立机构，曾进行过一项研究。它们通过使用机器算法预测公司的欺诈风险。其中，在识别可疑公司方面，表现最好的算法的准确率高达93%（特许公认会计师公会，2019）。

与之类似，英国的大型银行 NatWest 通过采用机器学习技术，在 Vocalink 的企业欺诈分析工具的帮助下，阻止了约 700 万英镑的虚假支付。该软件的主要功能在于分析企业付款时的行为特征，并将这些特征与以往的欺诈行为进行比较，最终实现对可疑交易的识别和标记（菲克斯特，2018）。

尽管数据分析技术具有前所未有的发展潜力，但它也具有一定的局限性。一方面，在当前，开发一个能够完全实现情境理解的系统依旧是一大挑战，因此仍需要人为干预。如果一个不合适的系统被应用到需要人为干预的环境中，这一算法甚至可能会造成严重的破坏。另一方面，处理大量数据所需的时间和资源也是运用该技术所面临的一大挑战。

可实现欺诈检测和安全保障的另一项技术是生物识别用户认证。例如，ZOLOZ 等公司提供的基于机器学习的光学识别技术，通过生物识别确保操作安全。例如，该软件可以通过眼睛白色部分的静脉来识别用户（鲁比·贾拉杰，2018）。

许多成熟的银行已经将人工智能融入它们的发展生态之中。例如，摩根大通推出了合同情报（COiN）平台，该平台可以分析法律文件，记录数据点和条款。该公司还计划针对员工的技术服务请求，提供一个集成自然语言界面的虚拟助手（摩根大通，2016）。

美国银行已经推出了名为 Erica 的智能虚拟助手。聊天机器人使用"预测分析和认知信息技术"实现对银行的庞大客户群的帮助和服务（泰勒，2016）。

公众对于机器学习的看法

2018 年 6 月，美国人工智能治理中心对 2 000 名美国成年人进行了一项关于机器学习的有趣研究。调查发现，较为支持或者强烈支持人工智能发展的参与者占比为 41%，而较为反对或者坚决反对人工智能发展的参与者占比为 22%。人口统计数据对于调查结果也有所影响。例如，在家庭年收入超过 10 万美元的参与者中，59% 的人支持人工智能的发展，而年收入低于 3 万美元的参与者中，33% 的人不支持人工智能的发展。

参与者的受教育程度以及与计算机科学和编程等方面之间的联系也对这一调查结果有所影响。在大学毕业生中，有 57% 的人支持人工智能的发展。在具有计算机科学或编程经验的学生中，58% 的人表示支持。这一调查在机器人和人工智能管理等领域的结果尤为引人注目，有 82% 的受访者表示，应该对这些技术进行审慎管理。就性别分布而言，47% 的男性和 35% 的女性对人工智能技术的研发持支持态度。

当谈到机器学习时，对于数据隐私的讨论往往不可避免。当前，由于机器学习的发展，数据标签可能不再准确。例如，传统意义上的非私有的数据可能被用来间接透露用户的私有信息。研究表明，公开可用的信息，如一个人的脸书点赞，可以用来预测该人的种族、宗教观点、性取向等内容（英国皇家学会，2017）。另一个问题在于，算法可能会开始使用普遍不被社会接受的属性对人们进行刻画和分析。此外，机器学习可能还会对就业产生影响。机器学习将在多大程度上对社会产生影响，目前仍存在争议。一些行业可能会实现完全自动化，而对于大多数行业而言，可能会实现部分工作任务的自动化。

五、自然语言处理

在为众多公司和初创企业设计现实需求时，如何充分利用大数据是成功的关键因素。大数据分析涵盖了多项技术，但随着近年来人工智能技术的发展，自然语言处理已经成为帮助企业应对大数据挑战的重要工具。

"互联网 +"和云计算相关业务的增长带来了源源不断的数

据。许多公司的确对这些数据进行了收集，并将其存储在巨大的数据仓库、分离和陈旧的数据竖井中。但是，企业如何从中找到自己所需的数据并利用其创造价值呢？对于如此大容量、多样性的数据，人工智能平台的应用可以为公司的战略增加价值。

但这种持续的数据输入需要多样化、高容量的大数据集。此外，在医疗保健或消费品行业，与客户反馈和社交媒体相关的一些大数据以文本形式，即"自然语言"的形式出现，这也就是我们在现实生活中用于彼此交流的语言类型。

对于这类数据的分析和应用在过去一直受到技术处理能力的局限，但在当下，该方向的研发出现了令人激动的新局面。自然语言处理技术这一文本分析工具的出现，使得挖掘自然语言大数据的问题得到解决，从而实现了对新趋势和新机遇的洞察。

从这种类型的文本数据中创造价值是一个复杂的过程，在这一过程中，需要在深层次上理解和创建语言。自然语言处理模型不仅要理解数据中的内容，还必须能够做出回应。

自然语言处理的内置算法的作用在于自动分析和创建与真正的人类语言难以区分的语言。这使得自然语言处理平台可以应用于翻译、回答问题、释义、推理和生成对话等需要深度思考的场景。

事实证明，自然语言处理技术在解读文本的大数据趋势和模式方面也很有用，它的作用甚至超过了智能答疑系统，这一点尤其表现在医疗保健行业。

自然语言处理并非新事物，不过，随着基于神经的模型上线，其早期的发展困境已迎刃而解，自然语言处理在现实商业数据分析中的应用也开始产生效果。因此，自然语言处理和机器学习方法现在正越来越多地被公司用于与大数据相关的合作。

自然语言处理技术可以检查数据中的语义和语言标记，并通过统计学和机器学习的结合，使公司能够将信息筛选成有用和重要的数据。与以往依赖字串和关键字的分析不同，该技术可以很好地解读文本的意图。

自然语言处理技术的发展趋势

随着循环或卷积神经网络的性能和解读能力的提高，人们对于自然语言处理技术的印象已由原来的笨拙、反应缓慢，转向越来越令人惊叹、印象深刻。随着自然语言处理技术的不断发展，它们的语言模型也会随之更新迭代，并在不久的将来追赶上人类行为举止的发展步伐。

在处理大规模数据输入的商业部门——客户反馈、销售和运动等方面的存档信息等，使用自然语言处理技术可以提供有效的预测、实时或历史数据，这些数据将对公司管理和战略制定的各级决策产生影响。

此外，自然语言处理技术可以将数据分割成易于理解的区块，这种能力使其更具洞察力，并能够提高数据处理的能力。自然语言处理技术比人工评估更能准确地评估发展趋势。当然，在大数据分析和数据应用方面具有深厚基础的公司，在适应自然语言处理技术应用的各方面的进展飞速。然而对于缺乏数据分析经验的公司而言，人工智能的应用和发展是需要碰碰运气的。

自然语言处理技术可以在需要灵活功能和交互的领域提供价值，例如网上银行、自动翻译和零售自助服务。当存储器与自然语言处理技术网络耦合时，应答机制将会变得更加丰富、更加符合实际。

由自然语言处理技术管理的 B2C 交互意味着客户服务电话可以通过人工智能实现应答，其在某种程度上甚至决定了客户的体验感。

自然语言处理技术还可以取代减缓社会媒体分析速度的关键词搜索，它能迅速、精确地评估查询结果，从而明确其趋势，这对社交媒体的成功管理至关重要。

自然语言处理技术的未来

自然语言处理技术经过不断发展和突破，已显示出超乎想象的发展前景。然而，这项技术本地化所需的成本和时间还是高于其易用性带来的便利。

词汇嵌入仍然是利用自然语言处理技术对普通文本进行分类的关键，但它存在一定的局限性。一些自然语言处理模型很难被训练至可以理解微妙的单词嵌入的程度，仍需要在大量的数据集中继续训练。自然语言处理和其他人工智能最大的问题在于，训练它们发挥功能，并向它们展示如何处理特定领域的相关词汇是需要大量时间的。

循环神经网络在保障时间和次序优先的情况下，在加速数据处理方面显示出巨大的潜力。它可以增强单词嵌入的能力，并增加每个字符串的向量数量。这对于根据特定领域数据构建自然语言处理系统至关重要——因为其可以缩短训练时间，加快实现速度。

Transformer 结构在自然语言处理中的应用是近年来最令人兴奋的发展之一，它使计算机网络能够学习更长的文本序列，并通过其并行输入系统提高训练速度。这一技术在 2019 年得到了优化，并显著增强了自然语言处理的灵活性，增加了自然语言处理中可以使用的数据类型。

在未来，自然语言处理的发展趋势还将集中在模型训练的新方法以及增加数据输入的能力，其最终将实现一种即插即用的自然语言处理应用，使得任何企业都可以轻松地在不同模型之间切换使用。

如果一个公司能够快速获得一个经过训练的模型，并只为其使用目的对其进行训练，那么它将更快地实现技术应用与成本节约。

此外，自然语言处理应用中的新趋势在于注重发展更广泛的学习能力，它将模型从旧的线性方法中解放出来，使得聊天机器人将能够以接近人类的水平进行工作。这也使得用更少的数据对它们进行微调成为可能，并将减少公司的培训时间，增加技术的有用性。

"零次学习"是另一个令人兴奋的方向，它将通过让企业提供广泛的经验来训练新的、更强大的模型，使它们能够解决与之前的经验并不相关的任务。从本质上说，模型接收的数据越多，它可以承担的任务就越多，而且不需要专门训练。

这将使得这些模型的应用日益多样化。这种深度思考将给自主机器学习带来积极影响，并将全面提高自然语言处理技术的性能。

需要注意的是，尽管该领域的发展令人兴奋，但其潜在的负面影响可能会被忽视，尤其是人工智能的自我意识和预防欺诈等道德问题。同时，尽管该技术目前对于数据的处理速度越来越快，应用范围越来越广，但我们也应当意识到，隐私保护和监管法律亦将影响这些数据的使用。

六、机器学习和区块链

当前的系统主要建立在基于中央处理器（CPU）的计算机的计算能力之上。随着对人工智能需求的增加以及数据量的增加，企业将需要 CPU 系统的替代方案。其中一种选择就是基于 GPU 的计算。

基于 GPU 的系统具有更大的存储容量，可以运行更多的命令线程。区块链技术可以将机器学习系统连接到 GPU 计算机上。目前，研究人员正致力于研发一些项目，将那些愿意共享计算资源的人与有计算能力的购买者联系起来。区块链技术的另一个显著特点在于，它为人工智能的实现提供了必要的隐私和透明度。

七、机器学习和承销

目前，由于拥有海量数据，大公司通过不断的算法训练使得承销自动化成为可能。随着存储成本的不断降低和数据分析专业技能的不断提高，承销自动化可能会在各种规模和预算的公司中得到普及。

八、机器学习和算法交易

机器学习在现代高频交易中发挥着重要作用。交易系统中纳秒级别的延迟使得交易员比使用其他方法的竞争对手更有优势。

九、机器学习和物联网

利用物联网传感器实现机器学习也正日益受到人们的青睐。西门子的列车互联网项目将机器学习与物联网相结合，用于预测性维护。该项目旨在利用洞察力发现轨道和列车的故障，以确保维修服务能够以有针对性的方式进行。

十、机器学习和机器人流程自动化

到 2025 年，机器人流程自动化的价值预计将超过 30 亿美元（乔希，2019）。机器人自动化有助于防止人为错误，但它由于依赖规则，存在较大的局限性。这些局限可以通过智能流程自动化加以改善。机器学习使得机器人可以检测自动化模式以及处理情感导向性的问题。

十一、机器学习和智能投顾

近年来，"智能投顾"一词对人们来说已变得耳熟能详。基于算法的系统清除了数字财富管理公司的交易障碍，使其进入门槛进一步降低。

交易所交易基金（ETFs）在美国和其他西方国家都很受欢迎。此外，相较过去，美国客户更加信任数字咨询服务。数字技术的普及和个性化的需求使得各个年龄段的客户都要求根据其具体需求定制服务。

有几个利基投资者群体有望在未来几年塑造世界金融格局。当前，美国投资理财环境的一个主要变化在于财富从一代向另一代的转移。通过其祖辈财产的代际积累，美国的"婴儿潮一代"从 20 世纪 20 年代和 30 年代出生的投资者那里继承了大量的财富。在 2031 年至 2045 年之间，美国总财富的 10% 预计将从"婴儿潮一代"转移到下一代（伯恩马克，2017）。未来几年，女性还将在金融领域占据更大的比重。特许金融分析师（CFA）协会估计，未来 5 年全球女性收入将增加 5 万亿美元（伯恩马克，2017）。一些专门面向女性投资者的智能投顾产品致力于为这一群体的理财提供更为优质的服务。例如，新加坡的 Miss Kaya 公司旨在"简化理财，揭开女性理财的神秘面纱"，另外，一家名为 Ellevest 的女性数字投资平台已经筹集了 1 000 万美元的资金（伯恩马克，2017）。

在美国的外国移民代表了一个很大的细分市场，大约 1 160 万移民拥有学士学位或更高学位。这些移民代表了 2 万至 3 万亿美元的投资，而世界各地的 800 万美国侨民代表了 0.5 万亿到 1 万亿美元的资产市场（伯恩马克，2017）。除了财富的转手，消费者的消费行为也发生了变化。新兴的千禧一代对于数字渠道的接受程度不断提高，使得数字化投顾更为盛行。

（1）数字咨询的行业和增长

智能投顾公司涉足的业务领域广泛，并在一些领域存在超越其他公司的潜力，成为游戏规则的改变者。这些行业包括社会责任投资，如 Wealthsimple 和 Grow；税务规划解决方案，如 Nutmeg 和 Wealthfront；白标解决方案[①]，如 Bambu[②] 和 Jemstep[③] 等。针对特定群体，即习惯于传统资产管理的高净值个人、退休人员和女性，智能投顾产品则需要投入更多的服务。在这些领域运营

[①]　白标（White Label）一词来源于外汇行业，也就是贴牌服务。具体是指一家公司向另一家公司提供 IT 支持、系统维护、风险控制、监管牌照等服务，使其拥有自己的标识并以自有商标面向客户报价，成为交易商。——译者注

[②]　一家位于新加坡的 B2B 智能投顾平台。——译者注

[③]　一家美国的 B2B 机器人投资顾问平台。——译者注

的公司包括专门面向高净值人群的 Zen assets，专门面向女性的 Miss Kaya 和致力于提供退休解决方案的 Next Capital。

（2）数字投顾的增长

在美国，排名前 10 的智能投顾公司在过去 5 年里的复合年增长率超过了 100%。在欧洲，有 5 家顾问公司达到了 1 亿欧元的里程碑。在 2016 年 17.5 万亿美元的财富增长中，60% 来自亚太地区，因此，新兴市场也将在推动这一领域发展中发挥重要作用。美国有超过 200 家智能投顾公司，欧洲有超过 70 家，而中国和印度分别有 20 家和 19 家（伯恩马克，2017）。

（3）数字投顾的模式

目前多种投顾模式的应用中，包括 D2C（直接面向消费者）投顾——提供投资组合管理服务的在线平台，无须人工干预；B2B 投顾——允许传统投顾应用数字解决方案的白标解决方案；混合型投顾，即使用传统服务的解决方案，包括积极管理的投资组合和计算机化的解决方案。

（4）主要智能投顾公司

在美国最常见的智能投顾模式为 D2C。Betterment 以 73 亿美元的资产管理（AUM）在该领域占据了领先地位，其次是资产管理规模为 51 亿美元的 Wealthfront。混合型投顾以先锋集团（Vanguard）为首，其资产管理规模为 470 亿美元。在英国，有 18 家智能投顾公司，以 D2C Nutmeg 为首，其资产管理规模为 7 亿美元。像 Horizon 这样的公司提供的智能投顾服务起价仅为 12.50 法郎，初始投资也只需 1 000 法郎。在日本，有 14 家智能投顾公司。Bambu 在亚洲拥有一家企业对企业的智能投顾公司，并与 Tigerspike、Thomson Reuters 等公司合作。Crossbridge Capital 与 Bambu 合作，在新加坡推出了混合型投顾服务。在澳大利亚，有 8 家智能投顾公司，其中包括 Stockspot 和 Ignition Direct 的 6 家为 D2C 模式，Macquarie Bank 和 Bet Smartz 分别为混合型投顾模式和 B2B 投顾模式（伯恩马克，2017）。

（5）聊天机器人在智能投顾中的应用

聊天机器人是一种基于人工智能的工具，可以帮助客户解决一般性问题。近期的客户调查显示，33% 的客户对联络服务的质量和响应性不满意。这项研究还表明，服务质量差导致超过 70% 的客户开始选择接受机器人帮助进行投资（伯恩马克，2017）。当前，聊天机器人已在大多数银行的客户服务中得到应用。客户在与银行的互动中最关心的是响应速度和便利性，聊天机器人可以提供快速的回答来帮助他们解决问题。此外，年轻人更喜欢聊天机器人，尤其是在处理标准化请求时。然而，64% 的财富管理客户也会寻求非金融咨询（伯恩马克，2017）——这也是业务的一个重要方面，而聊天机器人目前尚无法提供。在目前，B2B 是聊天机器人开发者主要发展的领域，但其他数字平台，如 Poly Portfolio，也为个人投资者提供聊天机器人服务。

（6）在线经纪人的智能投顾服务

许多在线经纪人已经将智能投顾纳入了他们的服务。拥有 280 亿美元资产的德美利证券（TD Ameritrade）推出了一项名为 Essential portfolio 的智能投顾服务。主题投资（Motif investments）

推出的投顾服务使得客户可以根据特定主题进行投资。在欧洲，盛宝银行（Saxo Bank）已与贝莱德（Blackrock）合作，推出面向散户投资者的全面数字投资解决方案。大型在线经纪商 E*trade 推出了一款名为适应性投资组合（Adaptive Portfolio）的投顾产品。e 投睿（eToro）等折扣服务产品使用户能够从社会投资功能中获益（伯恩马克，2017）。

B2B 智能投顾案例研究：贝莱德

2008 年金融危机过后，资产管理行业面临转型的考验。数字化转型和"物有所值"成为投资经理不断挑战性地寻求赢利增长的关键驱动因素。不断变化的消费者预期和高度竞争的市场，对传统的财富管理公司提出了新的要求。

随着智能投顾进入市场，价值链条中各方面的数字化成为一种趋势。在投资管理方面，高昂的收购成本（每名客户可能高达 1 000 美元），以及利用复杂算法的自动化平台带来的日益增长的机会，导致许多注册投资顾问（RIAs）和经纪商将自己的服务与智能投顾平台同步化。

这些平台以最低的成本为用户提供易得的金融产品，以及高度个性化、以数据为驱动的投资建议。接近 31% 的银行和资产管理公司通过金融科技公司来提高自己的数字创新能力。

贝莱德将智能投顾作为 B2B 战略的一部分的商业模式，成为投资管理领域金融创新的一个案例。它采用了一种独特的模式：通过收购 B2B 智能投顾公司来跟上金融科技的发展步伐，而不必建立自己定制化的智能投顾平台。

作为一家领先的资产管理公司，贝莱德收购 Scalable Capital 和 Future Advisor 这两家低成本的智能投顾公司的行为被看作是财富管理实践的一次创新。它融合了传统资产管理公司的现有客户群以及智能投顾的技术，以其应对复杂投资的挑战，并鼓励千禧一代和 Z 世代的投资。

贝莱德采用了智能投顾模式为自动化财务咨询平台。被收购的公司提供全面的基于算法的投资管理服务和数字工具，通过将智能投顾服务与现有服务的整合，贝莱德补充而非取代了其财务顾问。

该公司通过具有成本效益、以技术为驱动的收购 Scalable Capital 解决了其高收购成本的问题，并利用其收购的另一家公司 Future Advisor 作为综合性投顾产品。机构能力是通过私下向银行、经纪自营商、保险公司和其他咨询公司标识软件而建立起来的。为此，该公司利用了 Future Advisor 系统的独特优势——拒绝任何算法生成的与投资策略不同步的投资建议。

采用"缩小/放大"的增长方式，同时考虑短期和长期的时间跨度，使得贝莱德的收购成为一项有趣的行业实践。在收购后的6到12个月里，能够加速公司数字化发展的业务方向得以明确，同时，从10年以上的时间跨度来看，还可以预见到未来的行业趋势和客户期望。

收购几家智能投顾公司，并通过开放API将它们同步到自己的系统中，这是一家财富管理公司在战略上的首次尝试。这个案例的独特之处在于，这家财富管理公司收购了混合型智能投顾公司，而不是建立自己的智能投顾公司。由于被收购的公司都是B2B金融科技初创企业，所以该收购并不一定会导致消费者信息的共享。

这些收购对于公司结构起到了补充作用，使公司得以拓展新的市场、提供新的服务，增强了公司的投资能力，最终使得交易估值增加。

本案例是一家财富管理公司与B2B混合型智能投顾公司合作，通过提供增强的个性化服务来留住客户的例子。利用智能投顾对资产管理规模的保护以及投资组合再平衡和资产配置，有助于推动其优化投顾质量的计划。

B2B智能投顾模式对这家资产管理公司起到了很好的效果，其中原因包括客户获取成本低、客户信任度等。这种合作关系使得智能投顾在定制服务这条道路上发展得更为长远，并最终通过将机器人的功能扩展到其他领域，实现了价值的跃升。

由于能够将客户财务状况的方方面面联系起来，包括抵押贷款、银行账户和投资等，从而进行全方位的财务规划，因此在收购之后，该公司实现了双赢，并在财富管理行业中脱颖而出。而这样的革新所带来的发展将远远超越基础产品和服务的开发所能带来的发展。

（7）针对不同客户群体的不同方案的智能投顾案例——Nutmeg

Nutmeg 的顾客群体大部分在 30 岁以下，但其平均顾客年龄是 40 岁，这意味着它们还有很多其他年龄段的顾客。客户选择 Nutmeg 的原因各有不同，部分顾客是投资新手，而部分顾客则是因为相较于自己定制服务而言，对专家的服务更感兴趣。当然，也有部分客户是因为想要选择更低价的替代品。

Nutmeg 在 2017 年的最大创新是专门针对对于成本较为敏感的投资者推出的产品。它们为客户提供的固定投资组合，由于投资团队不必进行更多的管理，因此这样的产品管理成本较低。

Nutmeg 将新投资者和有经验的投资者视为其核心客户。就新客户而言，他们寻求银行无法满足的更高的回报率和收益率，因此他们考虑将自己的储蓄用于投资。而对于有经验的客户而言，他们需要的是一种不过于复杂的解决方案（伯恩马克，2017）。

（8）投资平台典型案例——Huddlestock

Huddlestock 是一个在线平台，来自世界各地的投资者可以从行业专家、投资公司和智能投顾所提供的策略中获益，而这一过程无须任何最低投资。平台上共享的策略适用于部分封闭的开放式基金（ETFs）、价差合约（CFDs）和个股的长短期投资，投资者根据卖家设定的利润支付一小笔绩效费。除了来自投资专家的个人建议，个人也可以通过这一平台向个人和公司提供他们的投资策略（伯恩马克，2017）。

（9）B2B 智能投顾的典型案例——Wealth Objects

Wealth Objects[①] 致力于提供为保险公司、投资公司、银行和财富管理公司定制 B2B 智能投顾平台的服务。用户可以用更低的成本推出自己的投资平台或改进现有的平台。商业模式的选择包括传统模式的个人顾问，混合模式的个人和智能服务相结合以及智能投顾。更低的成本加上易于整合的优势，使得 Wealth Objects 的产品在众多产品中脱颖而出。除了当前的财务规划，自动化投资等业务模块，该公司还计划发布机器学习和认知计算模块（伯恩马克，2017）。

十二、大数据治理

大数据治理是指公司、组织将大量数据作为业务资产进行管

---

① 　一家提供数字机器人和混合策略 B2B 财富管理技术平台。——译者注

理的方式。企业选择大数据治理的原因在于它们相信自己可以从整体数据中获取价值，同时确保符合监管标准。

技术的作用在于简化流程；大数据治理的核心在于根据监管标准制定数据管理的规则，并通过与创建流程的专业团队合作，最终从大数据中获取最大价值。

大数据治理的前提是需要认识到大数据在自然状态下是无序混乱的，尽管未经处理的原始数据具有潜在价值，但如果它不能被整理解密，就丧失了价值。直接从数据中获取有效信息并不容易，公司往往花费多年的时间去获取数据，却不知道如何处理数据。

一般来说，大数据是根据其数量（收集的数据的量级）、多样性（根据公司要求处理和排序数据的方式）和速度（快速处理和利用数据的需要）来分类的。

所有的数据都应当在逻辑上遵循公司的数据架构，不过，数据的传播并非主要问题。为了使公司的大数据在营销、个性化、客户服务等方面实现价值最大化，公司必须解决与数据保留、数据隐私、数据本地化和数据安全相关的问题。

这一点主要是受到欧盟隐私法规（GDPR）要求的影响。同时，来自其他国家和地区的不断升级的合规要求，将继续对大数据治理产生重大影响。尽管这些标准正在制定当中，但各国之间的监管标准并不一致，甚至在美国，各州内部的监管标准也各有不同。

这一切都要求企业确保数据在其生命周期中得到管理。为了预防网络犯罪，当前的数据收集工作正受到来自对隐私问题担忧的阻碍。

公司大数据的整个生命周期都受到严格监管，包括数据处理、数据保留决策、数据本地化和数据迁移。大数据可以转化为公司的财富，但必须首先通过严格标准的审查，尽管这一标准在全球范围内相互脱节，甚至相互矛盾。

十三、信息治理和数据生命周期

从数据收集到数据迁移，信息治理贯穿于数据生命周期的所有阶段。

在数据收集阶段，根据 KYC/AML 规则，金融机构必须收集更多的客户信息，并遵守数据隐私保护的相关法律。向在线银行等数字化解决方案的转变，增加了金融机构的网络犯罪风险。

在数据处理方面，银行开始使用分析算法来为客户提供个性化的产品和服务。《通用数据保护条例》确保了整个过程的透明度和公平性，使银行能够向客户清楚地解释数据处理的原因，并获得客户的同意。

近年来，数据的保存和处理也发生了变化。数据保护法要求金融机构删除那些不再有用的信息，以及客户希望删除的信息。

金融机构通过国际转移提高流程的效率，并且能够精准敏锐地发现欺诈和洗钱行为。将私人数据转移到数据保护较少的地方可能会导致高额罚款。

在数据迁移和数据保护方面，存在着相互矛盾的概念。开放银行和欧盟支付服务修订法案第二版要求实现数据的可访问性，而《通用数据保护条例》和其他法律则希望通过管理数据访问，确保相关数据在未经数据主体同意的情况下不会向第三方披露，以此来保护数据（见图 11.1）（伯恩马克，2018）。

从全球层面来看，监管标准的碎片化会增加成本，降低运营效率。对于金融公司来说，公司收集的信息应遵守决定个人信息如何使用的规则。

全球监管标准的差异和碎片化可能导致成本的增加，降低运营效率。对于金融公司来说，其收集的信息受制于个人信息的使用规范。

图 11.1 在大企业中，数据和信息通常是如何收集、处理和共享的

［来源：伯恩马克（2019）］

为了提供个性化的产品，敏感信息的收集是被允许的，但这些数据必须在公司内部得到保护，同时也不能被外界负面地使用。在某些情况下，信息必须在被要求或不再有用时被删除。

由于监管标准不同，跨境数据传输也会带来麻烦。不一致的行业标准也会影响数据保护——数据迁移问题经常与数据保护的相关法律相冲突。应用数据的最佳实践路径往往与监管要求相悖，而这可能会带来高昂的代价。

技术变革也影响了企业处理海量数据的方式，因为数据管理团队正在集中公司数据，以备大规模的人工智能实施和培训。这种从数据孤岛向数据集中化的转变，将有助于企业从数据中获得最大利益。

如果一家公司能够有效地利用其数据和分析结果，那么它就具有竞争优势。这种有效的治理还将提高数据的可信度，这正是大数据治理的关键。

但是我们如何将数据治理付诸实践呢？应当鼓励最佳实践并限制风险，设置策略并执行数据管理。了解数据可以告诉你什么，并确定使用这些数据的监管影响。

此外，公司不仅要管理现有的数据，还必须搜索新数据，并在保护隐私和安全的监管框架内决定哪些数据最相关或最必要。

大数据治理的关键要素：

- 维护系统的可靠性和可用性。
- 创建并支持数据目录。
- 找到探索和利用数据的方法。
- 确保数据的有效性。
- 保护您的敏感数据。
- 了解监管环境。

公司必须意识到这些即将到来的趋势：

- 技术进步可以加快数据处理的速度，但它们无法解决由政府控制的法律和监管问题。

● 数据管理在充分利用这种新的可开发资源方面起着关键作用。

● 随着人工智能网络继续发挥作用，深度学习将继续发展，而这些强大的神经网络将成为越来越有用的商业资产。

● 应当采取正确的管理策略，确保能够提供更为迅捷的个性化服务，并以全球化的视角进行风险管理。

当一家公司拥有了熟练的员工时，随着量化数据变得更加有针对性和更加具体，他们将被赋予管理层级别的决策权。合适的团队将会确保您的数据可视化、人工智能算法的创建和数据清理工作以高水平的标准运行。

随着数据隐私成为一个全球性的问题，推动大数据治理的主导力量将不再是技术本身，而是在控制成本的基础上，以合法的方式在欧洲、亚洲、北美洲和南美洲的不同监管市场对于数据进行合规利用。

第十二章

结论

一、概要

最初，在全球金融危机的阴影下，金融科技作为一种破坏性现象横空出世，这一事件使人们对于银行和金融行业的看法发生了巨大的变化，金融科技迅速实现了弯道超车。共享经济的日益发展和普及促进了金融科技的崛起，到 21 世纪头十年，金融科技这一概念已经被大众，尤其是初创企业的人士所熟知。

起初，银行业并没有立即对金融科技所带来的挑战引起足够的重视，导致二者在早期发生冲突。但正在传统金融行业以怀疑的眼光看待金融科技公司时，该领域的快速增长与创新技术的研发，引发了一场银行业无法简单抵制的颠覆。随着时间的推移，银行和金融科技公司开始走向了合作。

银行与金融科技公司由冲突走向合作的一个主要驱动因素是客户期望的转变，这一转变在一定程度上是自然发生的，也可以归因于金融科技对客户体验的提升。挑战者银行和数字支付系统在金融科技公司获客和建立客户信任方面尤为关键，这两种创新业态象征着金融科技革命的便利性和敏捷性。

最终，金融业的参与者意识到，他们不可能消灭金融科技公司，相反，与金融科技公司开展合作将是必要的，甚至是有益的。大银行在 21 世纪初开始失去客户的教训让他们越来越意识到，金融科技的技术创新将在未来的金融业和银行业发挥重要作用。与金融科技公司的合作不再是可有可无的，银行必须向这些雄心勃勃的新秀学习。

虽然金融科技公司最初都是以单打独斗的形式出现，但它们很快发现，初创企业受益于市场、金融资源和专业知识，尤其是与大型、成熟的金融机构合作能给它们带来信誉增值。最终，许多银行和金融科技公司之间形成了互惠互利的关系，这对金融科技行业的发展大有裨益。

在这种合作之下，银行的加速器计划和种子基金成为这一领域的共同组成部分。许多成功的金融科技初创企业就是在这种创新文化中诞生的，现在政府甚至都参与到了这个过程中。这个过程在催生了各种各样的金融科技中心的同时，也推动监管环境日益成熟。尽管还有一些距离，但世界各国政府帮助金融科技崛起的承诺已逐渐实现。

尽管金融科技革命始于西方世界，但新兴市场现在也在热情地接受这一概念。亚洲在金融科技发展中的地位尤其重要，印度和中国这两个经济强国为此做了巨大贡献。从这本书中可以清楚地看到，金融科技的发展前景是广阔的，与该领域相关的技术创新将对金融、经济和货币的未来产生深远影响。

二、金融科技的未来

那么，金融科技未来将会是什么样的？我们相信，几大趋势将对金融科技革命的发展起到驱动作用。首先，数据创新以及如何收集和使用数据，将在金融科技的发展过程中起到奠基的作用。

大数据已经成为金融科技领域的一个重要组成部分。例如，利用神经网络增强量化决策已经成为可能，这意味着贷款人等组织可以分析借款人的财务数据，以确定其信用度。因此，许多公司已经开始利用大数据和人工智能的组合，将一系列信贷产品的违约率降至最低。

这些解决方案可以将一系列的数据和使用行为结合起来，预测消费者将如何应对信贷环境。在这种环境下，人工智能将越来越多地影响决策，大数据将是无价的。

P2P 贷款等产品的数字化，将为目前无法获得银行服务的数十亿人绕过中央银行系统铺平道路。这对于那些基本上没有银行服务的国家就显得尤为重要，可以与非洲消费者绕过固定电话而直接使用移动电话的方式相提并论。在中国，绕过中央银行和广泛的信贷系统已经使数以亿计的消费者受益，这将逐渐成为多个国家金融格局的一个特征。

区块链并不是本书的重点，但毫无疑问，这一创新具有变革性的潜力，而且确实已经改变了人们对货币的看法。将区块链与大数据和人工智能相结合，即使是最普通的手机浏览数据也能用于信用评分。随着时间的推移，其他数字技术，如不可变更的账簿和智能合约，将成为旧的银行系统的颠覆者，使消费者能够在已经建立的点对点的贷款模式的基础上，建立额外的信任并从透明度中受益。

　　除了对金融科技创新者的好处外，很明显，这种氛围也将对消费者大有裨益。多年来，一直存在着由大银行主导的金融贵族阶层，而金融科技、大数据和人工智能有可能改变这种排他性的局面。

三、过时的金融体系

　　现有金融体系的观察家们已经注意到，当前的金融体系仍以工业革命前建立的机构为基础。在当时，银行的出现是为了处理人与企业之前的现金流动，而这与如今数字货币到来、支付系统和结构发生了翻天覆地的变化的社会经济背景相距甚远。

　　因此，尽管银行还没有完全过时，但它们的许多工作方式已经接近过时的状态。这一背景下需要变革，平台的革命则由此而起。一切都在变得数字化，在这种环境下，工业时代的实体将变得越来越无关紧要，除非它们愿意现代化。而这一直是银行业发展的核心支柱，在这个行业中，银行面临着跟上技术发展步伐的挑战，并做出越来越多艰难的决定，与一些具有创新性的大型金融科技公司开展合作。

　　与传统的银行模式不同，未来的货币和金融将完全通过软件和服务实现数据的数字化分配，并由一个复杂的全球网络支撑。这个新的开放系统最大的不同之处在于，任何人都可能将简单的即插即用的软件投入这一系统，为庞大的客户群提供服务，并成为整个金融架构的重要组成部分。

传统上，金融公司的后台部门专注于产品，中台部门专注于平台，而前台则负责客户体验问题。在未来几年，这种情况将发生逆转，新的数字模式决定了与客户的联系将成为工作的核心。

数据是新的数字化流程的核心，若没有数据，变革将无以依存。如果没有应用编程接口，新兴的金融科技服务公司将不可能存在，软件设施为其发展提供了大量的信息。例如，像优步这样一家公司之所以能够成功，是因为谷歌地图通过其复杂的软件和数据为该公司提供了各种各样的服务。在数字化的未来，我们将看到这一趋势在全球的各类组织中蔓延。

当谈到金融领域的挑战时，我们往往会聚焦于金融科技公司将自己打造成一个可信的金融平台方面所面临的挑战。这一点当然可以理解，但我们也应当意识到，在未来，挑战也将以各种方式慢慢转向银行，银行将面临进入不断变化的市场并在其中发挥作用的挑战。

随着数字技术日益成为金融领域的核心特征，银行必须逐渐改善其业务以应对不断变化的环境。目前，大多数银行都缺乏相关的技术专业经验，这意味着对它们来说，在新环境下引入数字愿景，进行必要的文化变革将是一项艰巨的任务。许多专家确实对当前银行的发展观念存在质疑，并断言它们在这场数字革命中处于不利地位。

四、二十一世纪的新石油——数据

在这种环境下，数据几乎可以被视为一种类似于石油的资源，金融业的未来取决于谁拥有和控制这些数据。这是现在的银行非常关注的一个关键领域，因为它们在收集和生成此类数据方面处于劣势，而金融科技公司在这方面却处于一个绝佳地位。对数据的渴求无疑将成为未来几年金融领域的淘金热，并将成为金融科技公司和银行之间日益紧密合作的另一个推动因素。

虽然个人银行账户不会消失，但公众使用银行软件进行资金转账将会变得越来越普遍。各种各样的初创银行的平台已经吸引了大量的客户，因为它们能够通过链接开放数据和其他应用程序编程接口来丰富交易手段。人们越来越希望从金融应用程序中获得更多的基本服务，而不仅仅只能全天候得知自己准确的财务状况。

英国的 Monzo 等银行可能会给传统银行带来巨大问题。一旦客户使用 Monzo 卡进行交易，其所依附的实体银行并不知道客户正在进行什么活动。在这种情况下，银行实际上丢失了所有的数据，它们所知道的只是 Monzo 在该地区获得了几个客户。这类事件将成为金融领域未来合作的契机，数据、区块链和人工智能都将成为这场根本冲突的核心。

当依赖于非智能和碎片化的系统时，在人工智能的复杂系统中利用数据无疑是一个挑战。金融机构面临的最大挑战将是重塑它们数百年来所依赖的传统结构。大型银行是在一个旧的、运行缓慢的时代背景下建立的，而现在它们必须转变业务，以应对一个新的、充满活力的数字时代。

在这种环境下，老牌金融公司面临的另一个挑战是，大型科技巨头可能会越来越多地进入数字货币和金融领域，对于数据飞速传输的互联网环境的适应，使它们在金融领域的发展中处于有利地位。与之相反，大型银行对于应对诸如此类的数据密集的环境，还存在较大的能力不足的问题。

五、智能投顾与人工智能

数据和信息在诸多领域的关键作用已经得到凸显。智能投资顾问是未来数字金融的一个发展领域，它几乎完全依赖于海量数据。智能投资顾问技术利用复杂的算法，提供自动化的财务规划和投资服务。这从根本上而言是由技术驱动的，由算法处理所有的投资决策，并尽量减少人为干预。这显然是科技公司相较于传统的金融公司而言具有巨大优势的一个领域。

金融科技公司涉足的另一个领域是风险分析，信用参考机构和信用评分公司开始依赖数据科学和机器学习。人工智能可以预测客户的风险水平，将信用良好的借款人与潜在的不良借款人区分开来，而且比任何人都能更快、更准确地做到这一点。类似的过程也被用于欺诈检测，即利用数据科学的技术来识别金融交易中的欺诈。

风险分析是一个不断发展的领域，金融科技公司有潜力利用大数据和分析技术，使用大量的在线信息，以识别欺诈性交易。这些宝贵的信息可以被利用和建模，从而使技术运营商能够预测和标记未来交易中的欺诈行为。数据科学和深度神经网络等机器学习技术将是这一过程的关键，这也是我们可以期待在未来几年内可能会发生真正的金融技术革命的另一个领域。

客户的获取和保留是另一个令银行非常担忧的问题，同时也是数据和人工智能将在未来发挥关键作用的领域。对于银行和金融机构来说，基于现有数据创建广泛而详细的客户档案将变得越来越有价值。这些数据可以用来定制客户体验，并提供个性化服务。算法将在很大程度上根据历史行为，预测客户可能会购买的额外的产品和服务，或者决定应该向不同的人群推广什么类型的产品。

同样，在这个领域，金融科技公司将会比银行拥有巨大的优势。前者不仅仅能够在第一时间获得信息，还拥有更强的有效分析数据的能力。在效率方面，数据的算法分析超越人工评估的能力已然成为现实，这意味着银行将非常需要金融科技公司在这一领域的技术、知识和创新力。

数据科学的另一个大用户是保险业，该行业使用智能算法来管理风险，确保企业保持赢利。保险公司的理赔部门已经在使用数据科学算法来区分欺诈和合法交易。大数据还可以用于其他与保险相关的目的，如信用评分、获客、营销、客户保留和新型保险产品的设计。

六、巨大的影响

我们可以看到，人工智能已然对金融科技领域产生了巨大影响。但随着更快、更有效地分析更多数据的能力成为可能，这一功能预计将在未来几年有大幅拓展空间。人工智能甚至可以用于维护系统的安全，使得金融公司能够改善它们的程序，而非简单地对病毒进行查杀。人工智能的学习能力将使公司能够通过对系统的微调，极大地提高系统的安全性。这对于金融行业而言至关重要，因为公司需要通过向客户保证它们的系统的安全性从而获取客户的信赖。

机器学习和人工智能的特性以及它们对信息的超强的分析能力，为金融公司在安全保障方面提供了巨大优势。人工智能服务的金融科技供应商还能够根据公司的特定要求，对产品的作用进行进一步的研发和拓展，使其产品可以帮助识别欺诈行为、可疑交易和潜在的未来攻击。

除了提高信息的安全性，人工智能还将大大缩短与金融服务相关文件的处理时间。处理收据和其他财务文件一直是一项极其耗时的工作，需要大量的人力。同时，当人力参与到整个文件处理的过程之中，还很容易出现人为错误。

相比之下，人工智能将使金融科技公司能够更准确、更快地处理相关的信息。机器学习可以识别不同的任务模式，并在执行任务的过程中快速改进工作，提高完成任务的效率。人类处理信息的能力会趋于稳定，而人工智能系统处理信息的速度会越来越快。

虽然人工智能的整体运行不能没有人为控制，但机器学习确实能够验证和反复检查信息，以防止重复支出和其他常见的人为错误。以来自硅谷的初创公司 PixMettle 为例，它已经开发了基于企业的人工智能工具，这将有助于主动检测和预防欺诈。测试条件显示，PixMettle 的表现明显远远优于人类，其同时还节省了大量时间。

PixMettle 的创始人、金融技术和人工智能专家卡皮尔·丁格拉（Kapil Dhingra）指出，"人工智能有助于在早期就标记出重复的支出和违反公司政策的费用，甚至在这些费用被录入系统之前。这就省去了许多与会计和员工之间沟通的麻烦"（智能云平台 AITopics，2017）。

人工智能将使整个金融系统的流程自动化成为可能，为金融科技革命提供另一个巨大的优势。金融科技初创企业将处于一个能够提供这些复杂而极具创新力的系统的最佳位置，这些系统将能够快速、高效地自动生成费用报告，并大量减少错误发生。

人工智能的另一个令人兴奋的方面是，它将使较小的公司能够与金融行业的老牌巨头竞争。人工智能是一项真正的民主化技术，随着社会各阶层越来越容易接触到它，各种规模的企业都将可以使用这项技术。这对于新兴经济体而言尤为重要，因为金融科技有望帮助弱势消费者第一次获得金融服务。

人工智能在聊天机器人领域亦产生了很大影响。这在未来会变得更加普遍，聊天机器人已经成为公司与客户沟通的一种有效方式。许多企业已经在各种内部和外部沟通中信任并使用这项技术，随着时间的推移，聊天机器人将变得更加熟练，这也意味着这一领域在未来还有很大的发展空间。

七、大型公司的全面参与

聊天机器人是金融科技革命中大公司全面参与的一个领域。汇丰银行等公司创建了自己的人工智能聊天机器人，帮助客户完成各种任务和查询（奥尔森，2019）。美国运通公司也开发了Amexbot，它可以处理客户各种关于账户和个人信息的问题（美国运通公司，2017）。这只是由机器学习所驱动的领域的开始，在可预见的未来，客户与机器人进行对话将成为常态。

聊天机器人还将使人们能够更便捷地购物，消费者可以直接从社交媒体渠道下订单，编辑和检查银行账户的细节，监督消费者信用评分，通知客户即将到来的账单和优惠信息，并协助消费者建立更现实和准确的预算。金融技术显然将是开发这一技术过程的核心，这也是另一个初创企业将为大银行和金融机构提供各类服务的领域，与此同时，金融科技公司也会自然而然地吸引来自己的客户。

尽管一些老牌金融公司一直对人工智能技术持排斥态度，但金融科技公司年轻、灵活和创新的特质意味着它们已经完全融入了人工智能革命。众多金融科技公司正在运用人工智能，开发出通过不同的应用程序，解决各种金融机构客户的问题。

　　深度学习正在跃升为技术世界的主流，这一创新的潜力绝不应该被低估。随着在这一领域崭露头角的公司开始挑战金融巨头，我们将会越来越多地看到金融科技创新和机器学习将携手并进。

　　尽管人工智能的未来发展是广阔的，尽管它在金融科技的崛起中至关重要，但我们必须时刻意识到，人类的参与和严格的测试永远是必要的。如果要有效地对人工智能技术进行整合，就必须密切关注其相关流程。

　　由于人工智能的高度复杂性，其所涉及的软件与其他任何技术一样容易出现漏洞，并且在某些情况下可能会造成更加严重的后果。毫无疑问，金融科技平台和任何被纳入人工智能的软件都面临着测试挑战，对于这一点必须予以高度重视。当任何金融科技平台正在进行质量保证或用户验收测试时，应特别关注任何人工智能软件和机器学习措施。另外，这些测试通常应该在内部进行，因为任何第三方验证都可能对决策过程产生不利影响。

　　当然，任何在线移动银行平台的首要目标都是在不损害用户体验的情况下保证系统的安全性。因此，必须对平台以及平台的各种设备进行全方位的严格测试和验证，并且由完全独立于开发过程的用户对该平台进行体验测试。一旦准确的测试信息完成了交付，人工智能就可以进入正式运行。而一旦开始正式投入使用，人工智能技术就可能成为金融科技领域的主导因素，尤其是在数据变得越来越重要的情况下。

八、潜力巨大的新兴市场

金融科技的另一个关键趋势是新兴市场的重要性正在日益凸显。在金融科技发展的进程中，一些新兴市场凭借着其巨大的创新规模和强大的科技水平，将在这一进程中发挥至关重要的作用，尤以中国和印度为代表。

中国无疑将在未来几年成为世界上最大的经济体和最重要的市场。国际货币基金组织曾预测中国经济将在 2016 年超过美国（韦斯布罗特，2011），虽然这一预言并未成为现实，但这一趋势将是不可扭转的。《市场观察》（*Market Watch*）（阿伦兹，2011）指出：预测并非完全可靠，但是不可否认的是，中国将拥有最好的发展时机，其超越美国成为世界第一大经济体的时间可能会比国际货币基金组织预测的更早。如果中国陷入了发展困境，进程可能会推迟，但中国经济快速增长的趋势和成为世界主要经济体的结果是必然的。

《外交政策》（*Foreign Policy*）杂志（福格尔，2010）预测，到 2040 年，中国国民经济生产总值将达到 123 万亿美元。这将是 2000 年世界经济总产出的 3 倍。中国的人均收入将达到 8.5 万美元。这比对于欧盟的预测高出了 1 倍之多，也远高于印度和日本。这意味着中国人的平均财富可能是欧洲人的 2 倍。

中国是世界上领先的高等教育提供者，其大学毕业生比美国和印度加起来的还要多。1996 年，中国每年仅培养 5 000 名博士生。截至 2007 年底，中国已经授予了 24 万个博士学位，而就在两年前，中国的本科毕业生人数被证实为美国的两倍（马斯伦，2013）。与此同时，印度现在已成为接受高等教育人数第三多的国家，自1947年获得独立以来，印度的高等教育入学率增长了180%。这些国家特别重视技术和信息的发展，这一点为创新型金融科技公司提供了丰富的劳动力资源。

新兴经济体仍然面临挑战，但是金砖四国（巴西、俄罗斯、印度和中国）的人口超了过世界总人口的40%以上，其GDP占世界的15%以上（Global Sherpa，2016），快速增长的经济和经济结构能够很好地促进21世纪可能出现的产业格局。少量的政府债务，尤其在中国，大量的信贷、资源和商品，以及迅速增长的受过高等教育的人口，将为金融科技的发展提供一个有利的环境。

我们可以借鉴发展中经济体关于金融科技的创新经验，主要有两个原因。一方面，这些国家丰富的技术人才意味着创新文化的蓬勃发展，事实上，创新文化已然嵌入了这些国家的商业结构中；另一方面，在这些国家中，金融和经济等级制度尚未建立，这意味着企业和政府对金融科技创新的态度更加开放，金融科技的发展前景也更加广阔，这一进程的发展阻力也较小。像中国和印度这样的新兴经济体乐于拥抱创新，而这一进程在西方国家，尤其是那些拥有既得利益的国家，可能会受到较大阻碍。

九、警惕金融科技领域的炒作

毫无疑问，金融科技已然产生了变革性的影响，而且这种影响在未来会进一步扩大，影响世界各地人们的生活，但是我们还需要警惕金融科技领域的各种炒作。本文以原始数据为支撑，大力宣传了正在进行的金融科技变革，因而，要扭转或动摇这一事实是几乎不可能的。

然而，变革并不总是顺利进行的，变革的拥护者往往容易夸大其规模。在金融科技领域，已经开始有了一些不对的苗头。必须强调的是，现有的金融架构在未来的许多年，甚至是几十年内都将保持其重要地位。我们不会看到原有金融领域的经验和习惯在瞬间全部被破坏瓦解。虽然金融科技变革将是不可阻挡的，但其发展是一个渐进、稳定的过程。

此外，我们还必须意识到，金融科技领域的学术研究水平一直相当有限。这就是为什么在这本书中，我们试图介绍一些金融科技领域最尖端和最重要的研究。然而，就在 3 年前，尽管大量的风险资本流入这一领域，但几乎没有任何学术研究被纳入顶级金融期刊。显然，这一局面需要被改变。

高质量的研究在任何金融细分领域都是至关重要的，因为研究中必然会进行严格的测试和分析，而这正是经济界了解特定领域所必需的。因此，最近《金融研究评论》(*Review of Financial Studies*) 收到了来自 20 个国家的 183 所大学和 22 个研究组织或政府机构的 409 位作者的 156 份提案。

这项研究调查了各种不同的领域，例如，他们发现智能投顾确实能在投资中表现得更为出色。在对印度投资者的抽样调查中，他们总结道："印度投资者中的大多数人一旦采用智能投顾，其投资行为就会变得更加多样化，投资组合将会减少。重要的是，智能投顾的处置效应和动量追逐功能在降低行为偏差方面表现出明显的优势。"

同样，研究人员也在探索金融科技在哪些方面需要改进，才不会辜负充满热情的推广者。因此，在这个时候，我们可以将自己从过度兴奋的状态中抽离出来，保持冷静的头脑，对整个金融科技的发展持理性的怀疑态度。

这是一个具有巨大潜力和能够取得非凡成就的领域，但并非金融科技公司或金融科技的拥护者所声称的一切都正在发生或将要发生。在这一过程中会有各种炒作和虚张声势，会有一系列面向消费者的公关和广告活动。而真正精明的金融科技投资者和拥护者，应当对这一现实保持清醒冷静的头脑。

十、银行与金融科技公司迈向合作共赢

然而，尽管理性怀疑很重要，我们依旧可以非常肯定地预测，银行和金融科技公司之间的合作将会继续增加。不过由于新兴企业和现有秩序的相互适应需要时间，金融科技领域中的所有形式的合作都将面临挑战。

随着数据和数字化变得越来越重要，寻求与金融科技企业合作，推出行业前沿的数字产品，几乎将成为老牌金融机构的必然选择。银行即时服务和即插即用软件构建金融产品在这一时代正变得越来越普遍，因为金融体系的各个部分已被数千家公司融

入新的软件产品之中。技术的革新者能够自如地推出各种金融产品，而这也将成为未来金融体系的显著特征。

金融科技公司在吸引投资方面的成功在几年前就已经得到了充分体现。2014 年全球风险投资的规模增加了两倍，达到 122.1 亿美元（埃森哲，2015）。这导致了一种氛围，即合作是金融科技利基的核心，许多大型银行已经将其视为一种不可避免的事情，而且它们越来越愿意接受这一情况，而不再对其怀有敌意。

这一方面是因为银行认识到，为了在未来创造价值，它们需要从传统行业合作伙伴之外寻找出路；另一方面是因为金融科技公司提供了一些不同寻常的有价值的东西。那些迅速加入金融科技革命的银行，将从打破自己的商业模式中获益，而不是被动地等着金融业把它们甩在身后。在这种情况下，它们不能带有任何的偏见或自满。

越来越多的银行认识到与金融科技公司合作或者维持伙伴关系对其自身发展非常必要。在未来，不同方向的从业者之间的互补关系将成为金融业日益突出的特征。这也是银行通过创新实验室和加速器计划等举措与初创企业合作的部分原因——银行愿意探索多种途径和渠道来扩大其投资组合的产品和服务，在市场逐渐成熟的同时有效地对冲风险。

对于金融业的老牌企业来说，最大的挑战就是它们是否有能力调整其组织文化。接受这种新的合作方式意味着将在某种程度上违背常规，如果银行要在未来充满挑战的全球金融市场中健康发展，就必须与金融科技公司广泛合作——更不用说其他行业了。然而，研究表明，大多数银行已经意识到，它们的工作和组织文化将是它们与金融科技公司成功合作的最大障碍。

尽管如此，即使银行继续调整其业务以应对金融科技的发展，但有一件事已经在本文中一再明确——银行已经开始积极地与金融科技公司合作，如果这一合作在未来不断延展，对双方而言都有明显的好处。这一点在大数据领域也得到了充分体现，在传统银行和金融科技公司的紧密合作下，实现了个性化金融和高级分析等新的大数据应用形式。

随着政府也参与到这一过程中，金融科技作为市场经济重要基础的地位得到了进一步明确和巩固。金融科技的浪潮席卷而来，对金融系统乃至我们的生活都产生着日益重要的影响。